다이제스트 **개벽**

다이제스트 **개벽**

발행일 · 道紀 116년 (檀紀 4319년, 1986) 8월 20일 초판 1쇄
　　　　道紀 124년 (檀紀 4327년, 1994) 8월 1일 개정판 1쇄
　　　　道紀 144년 (檀紀 4347년, 2014) 7월 19일 개정신판 1쇄
　　　　道紀 145년 (檀紀 4348년, 2015) 10월 14일 개정신판 17쇄

발행처 · 안경전

발행처 · 상생출판

주소 · 대전시 중구 중앙로 79번길 68-6

전화번호 · 070-8644-3156 팩스 · 0303-0799-1735

홈페이지 · www.sangsaengbooks.co.kr

출판등록 · 2005년 3월11일(제175호) ⓒ2014 ⓒ2015상생출판

ISBN 978-89-94295-90-9

남북통일과 지구대변혁의 실상

다이제스트

| 안경전 지음 |

상생출판

개정신판 서문

지금 우리는 그 어느 때보다 지구촌의 모든 변화가 매우 급박하게 극한으로 치닫고 있다는 것을 절감합니다.

날로 심해지는 자연 재앙, 금융 위기, 빈부 격차, 자원 고갈 등으로 총체적 위기에 놓인 오늘의 인류에게 가장 큰 위안을 줄 수 있는 희망의 이야기는 무엇일까요?

일찍이 동서양 성자와 예지자들이 예고한 것처럼, 19세기 중반에 동북 간방인 한반도에서 새 역사가 탄생한다는 것을 알린 위대한 선언이 있었습니다. 진정한 인류 근대사의 출발점인 동학의 '다시 개벽' 소식입니다.

"십이제국 괴질운수 다시 개벽 아닐런가."

동학은 우주의 순환 변화 속에서 천지 질서가 새롭게 열린다는 가을개벽을 외쳤습니다. 개벽은 자연과 문명, 그리고 그 안에 살고 있는 인간의 역사가 완전히 새롭게 바뀌는 것을 말합니다. 새로운 문명이 탄생한다는 동학의 핵심 가르침은 '시천주侍天主 사상'입니다. 최수운 대신사는 우주의 주인이신 상제님으로부터 직접 천명과 도통을 받고 '시천주' 시대를 선언하였습니다.

'시천주조화정侍天主造化定'은 '우주 질서가 여름에서 가을로 들어서는 다시 개벽의 때에 친히 인간으로 오셔서 하늘과 땅과 인간, 삼계의 개벽을 이루시는 **상제님[천주님]을 모시고 새로운 조화 세상을 정한다**'는 뜻입니다. 즉, 상제님이 이루시는 개벽은 '한 시대의 끝남과 위대한 새 출발'의 의미가 담겨 있는 것입니다.

이렇듯 근대사를 열었던 주제는 개벽입니다. 그러나 개벽의 실제적인 내용에 대해 이야기한 사람은 없었습니다. 자연개벽과 문명개벽, 인간개벽 등 인류사가 총체적으로 개벽된다는 이야기는 증산도에서 처음 듣는 놀라운 소식입니다.

이 책에서는 동서고금의 성자와 위대한 영능력자들의 가르침을 통해, 19세기 후반에 선포된 가을 대개벽 소식과, 인류의 낡은 문명 질서가 무너지고 새로운 역사 시대가 펼쳐지는 문제를 총체적으로 살펴보고자 합니다. 또한, 앞으로 오는 개벽기 실제 상황에서의 생존의 문제와 보편적 인류 구원에 대하여 살펴보려 합니다.

본서는 가을개벽에 대한 모든 것을 담은 『이것이 개벽이다』 상·하 개정신판을 쉽게 읽을 수 있도록 정리한 것입니다. 『이것이 개벽이다』가 처음 출간된 후 30년이 지났고, 『다이제스트 개벽』 초간본이 나온 것도 28년 전(1986)입니다. 비록 작은 책이지만 본서에는 정치, 경제, 종교, 의식주 생활문화 등 인류 사회의 전 영역에서 일어나는 총체적인 대변혁 이야기가 담겨 있습니다. 그리고 앞으로 전개될 개벽의 참모습이 체계적으로 정리되어 있습니다.

미래는 준비하는 자에게만 주어지는 특권입니다. 이 책을 읽고 지금 일어나고 있는 변혁의 근원이 무엇인지, 앞으로 오는 새 세상이 어떤 세상인지 알게 된다면, 곧 닥쳐올 모든 환란을 극복하고 멋진 미래를 여는 새 역사의 주인공이 될 수 있을 것입니다. 새 역사의 주인공이 되는 것이야말로 우주의 참 주인이시며 통치자이신 상제님께서 오늘의 인류에게 내려 주신 가장 큰 위안이요 축복이 아니겠습니까!

道紀 144(2014)年 7月 12日

甑山道 宗道師 安 耕 田

증산도 도전甑山道 道典에 대해

본서의 곳곳에서 여러 차례 인용한 증산도 『도전』은 증산 상제님의 생애와 말씀, 성적聖跡을 집대성한 증산도의 경전입니다. 증산도 『도전』은 기존 선천 문화의 본질적인 한계와 낡고 묵은 기운을 모두 거두고 21세기의 새로운 대통일 문명을 여는 새 생명의 교과서입니다.

종도사님은 〈증산도 도전편찬위원회〉를 구성하여, 증산 상제님을 모신 초기 성도들과 그 가족 그리고 그들과 함께 생활한 주변 인물들의 생생한 육성을 채록하고, 증산 상제님의 숨결이 서린 유적지를 일일이 답사하여 지명 하나하나까지 철저히 고증하였습니다. 『도전』 편찬 작업은 기초자료를 조사하는 데만 20여 년이 넘게 걸린 방대한 작업이었습니다.

본서를 읽는 과정에서 의문이 생길 때는 『증산도 도전』, 『이것이 개벽이다(상·하)』, 개벽책 시리즈 완결본인 『개벽 실제상황』 및 안경전 종도사님의 주요 저서를 탐독하기 바랍니다. 아울러 증산 상제님의 말씀을 좀 더 생동감 있게 느끼기를 원하는 분에게는 증산 상제님의 말씀이 담긴 테이프와 CD를 권해드립니다.

단기 4347년 7월 19일
편집자

목 차

제1장 지금 우리는 어디에 서 있는가?

제2장 인류 근대사의 출발점, 가을 천지개벽 선언

제3장 증산 상제님이 밝혀 주신 우주의 개벽섭리와 신도세계

제4장 상제님의 우주정치 개벽 설계도, 천지공사

제5장 후천 가을 대개벽과 세계 구원

제1장

지금 우리는
어디에 서 있는가?

1. 인류의 새로운 희망, 개벽

1) 근대사의 진정한 주제, 그 출발점: 개벽

지구촌에 거대한 문명 전환의 소용돌이가 몰아닥치고 있습니다. 현대 과학 문명의 전문가와 종교가, 역대 성자들이 이 변화에 대해 언급을 했지만, 이 변화의 실체를 구체적으로 명쾌하게 이야기해 준 사람은 아무도 없습니다.

그런데 지구촌에서 일어나고 있는 자연의 거대한 격변의 의문까지 풀 수 있는 중대한 문화 선언이 19세기 중반에 있었습니다. 그것이 바로 **동학**東學에서 선언된 '**개벽**開闢'입니다.

당시는 약소국들이 동서양 제국주의 열강에게 정복되고, 마지막 남아 있던 조선왕조마저 패망당하는 위기의 절정이었습니다. 그 절망의 상황에서 동학은 "**십이제국 괴질운수 다시개벽 아닐런가**"(『용담유사』「안심가」)라고 하여, 제국주의의 불의와 지구촌의 문명 질서가 병란病亂으로 송두리째 무너진다고 경고했습니다.

동학에서 선언한 개벽은 무엇일까요? '다시개벽'이라는 말은, 과거에도 개벽이 있었듯이 앞으로도 개벽이 있다는 말입니다. 동학은, 장차 개벽을 통해서 천지자연의 질서가 변하고, 문명의 불의가 청산되며 인류가 한가족으로 살아가는 세상이 열린다는 것을 선언하였습니다.

동학을 창시한 최수운 대신사大神師는, 1860년 음력 4월 5일 개벽 진리의 주인이신 상제님과의 천상문답天上問答 사건을 체험합니다. 그리고 이 개벽을 이루시는 분이 동방 땅에 직접 오신다는 놀라운 소식을 선포하였습니다. 개벽의 핵심 메시지는 '시천주조화정侍天主造化定', 천지의 원 주인인 천주님을 모시고, 지상에 낙원을 건설한다는 소식에 있습니다. 공자·석가·예수 등의 성자 시대가 지나고 이제 성부 하느님의 시대가 도래한다는 동학의 개벽 선언이야말로, 이전의 인류사와는 본질적으로 다른, 진정한 근대사의 출발인 것입니다.

'개벽'이란 본래 '하늘과 땅이 새롭게 열린다'는 뜻을 가진 '천개지벽天開地闢'의 준말입니다. '개벽'은 글자 그대로 하늘과 땅의 질서가 바뀌는 차원에서 오늘의 인류가 완전히 새로운 세상을 연다'는 뜻입니다. 그래서 개벽은 우주의 지나간 한 시대(우주의 여름철 : 선천先天시대)가 마감되고, 동시에 새로운 세상(우주의 가을철 : 후천後天시대)이 시작되는 것을 의미합니다.

개벽은 크게 **자연개벽·문명개벽·인간개벽**으로 구분됩니다. 자연개벽은 우주적 차원의 대변혁을 통해 인간의 삶과 문명의 바탕인 하늘땅의 질서가 새로운 차원으로 변화하는 것입니다. 인간개벽은 새롭게 열린 천지 질서 속에서 인간이 수행을 통해 인간 본래의 광명을 활짝 여는 영적 대혁명입니다. 문명개벽은 광명의 인간으로 거듭난 인류가 과학혁명, 정보통신 혁명으로 지구촌 인류가 한 가족이 되는 하루 생활권 통일 문화 세계를 열고 지상낙원을 건설하는 것입니다. 하늘과 땅과 인간 세계의 총체적 대혁신! 이것이 바로 개벽의 진정한 의미입니다.

2) 예고없는 재앙, 안전지대 없는 지구촌

지구촌에 거대한 변화가 몰려오고, 충격적인 기후 재난이 벌어지고 있습니다. 이집트 피라밋에 눈이 쌓이고, 알래스카에 4계절이 뚜렷해져 꽃이 많이 피고 있습니다. 마치 영화 〈투모로우〉를 보는 것 같은 100년 만의 강추위가 미국을 강타하여 큰 충격을 주었습니다.

이런 거대한 변화가 하루가 멀다 하고 일어나지만 우리에게는 뚜렷한 대책이 없습니다. 엘 고어 전 미국 부통령은 〈불편한 진실〉에서 기후변화를 막기에는 '이미 때가 늦었다'고 하였습니다.

땅 속의 시한폭탄, 지진과 화산폭발

인간은 늘 행복을 꿈꿉니다. 그러나 예고 없는 재앙은 우리의 행복을 한순간에 앗아가 버립니다. 1999년 대만 지진이 일어났을 때, 한 여성은 영국 BBC와의 인터뷰에서 "단 5초 만에 모든 것이 변했어요!(Just five seconds, everything's changed!)"라고 절규했습니다.

2004년 인도네시아 대지진으로 발생한 쓰나미는 아프리카까지 밀어닥쳤고, 30만에 가까운 인명피해를 냈습니다. 2010년 아이티 대지진은 25만 명의 사상자를 만들며 최빈국 아이티를 무참히 무너뜨렸습니다. 문명이 고도로 발달했지만, '땅 속 시한폭탄'이라 불리는 지진과 화산폭발은 이처럼 한순간에 모든 것을 앗아가 버립니다.

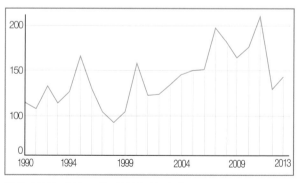

진도 6이상 강진 그래프(1990~2013년)_전체적으로 강진이 증가 추세에 있음을 알 수 있다. (자료-미국지질조사국(USGS))

특히 2008년 쓰촨성 지진에서는 불과 10여초 사이에 약 7천 개 학교가 무너졌습니다. 수업을 받던 천진난만한 어린 학생들은 아무 이유도 모른 채 한순간에 목숨을 잃었습니다. 자손이 끊어진 부모들이 공산당 간부를 붙잡고, "내 자식 살려내라"고 절규하던 모습이 전 지구촌에 방송되어 우리의 눈시울을 붉게 만들었습니다.

그런데 화산 문제는 더 심각합니다. 화산이 밀집해 있는 환태평양 화산대(불의 고리)로 불리는 곳에는 무려 5억 이상의 인구가 살고 있습니다. 그 중 일본에는 108개의 활화산이 일본 열도를 따라 척추처럼 늘어서 있습니다. 동경대 다치바나 교수는, 이 화산 아래 지하수로가 서로 연결되어 있어서 화산 하나만 폭발해도 인근 화산의 지하수가 분출하고, 지하수가 마그마를 식히지 못해 화산들이 연쇄 폭발한다고 하였습니다. 최악의 경우 화산이 연쇄 폭발하여 일본 열도가 바다 속으로 가라앉을 수도 있습니다. 놀랍게도 동서의 영능력자와 철인은 오래 전부터 일본 침몰에 대해 강력하게 경고하였습니다.

2011년 동일본대지진이 발생한 이후 일본 화산폭발의 위험성도 커지고 있습니다. 화산활동의 영향으로 후지산 주변 도로가 갈라지고, 호수의 물이 하루아침에 없어지는 사건이 발생하고 있습니다. 일본 정부는 규모 9 이상의 거대 지진이 조만간 다시 일어날 것을 공표하고 대대적인

화산활동의 영향으로 갈라진 후지산 중턱의 도로_후지산이 머지않아 폭발할 것을 알게 한다.(2013년 3월 11일 Youtube 영상 중)

(상)1906년 대지진 당시, (하)현재 샌프란시스코_1906년 대지진 이후로 준비를 많이 했지만 8.0 규모의 대지진이 발생하면 이 아름다운 도시도 한순간에 붕괴될 수 있다. 예지자들은 샌프란시스코와 LA 등 미국 서부가 물로 들어간다고 경고했다.

준비와 훈련을 하고 있습니다.

미국도 예외는 아닙니다. 미 지질조사국도 앞으로 초대형 지진이 캘리포니아를 강타할 확률이 99.7%라고 경고합니다. 몇 년 전 LA 지진이 일어났을 때, LA 시민 60%가 영원히 LA를 떠나고 싶다고 했습니다.

1906년 샌프란시스코 대지진으로 20만 명 이상의 이재민이 발생한 이후로 샌프란시스코는 100년 동안 지진 대비를 해 왔습니다. 그러나 시 당국은 '머지않아 또 다른 지진이 일어날 것이며, 만일 8.0의 대지진이 발생하면 이 대도시는 붕괴될 것'이라고 경고하였습니다. 동서양 영능력자들도, 앞으로 오는 대변혁기에 미국 동서부가 침몰한다는 것을 이구동성으로 이야기하고 있습니다.

예고 없는 재앙, 한반도는 안전한가

지금 한반도 땅속과 바다에서 놀라운 변화가 일어나고 있습니다. 전문가들은, 2011년 동일본대지진 이후 서해에 활성단층이 생겨 대지진이 한반도를 엄습할 가능성이 굉장히 높아졌다고 진단합니다. 그리고 전 국민이 생활 속에서 철저한 경계 태세를 갖추어야 한다고 했습니다. 실제로 2014년 4월에는 역대 3위 규모인 5.1 지진이 태안에서 발생했고, 서울에서도 침대가 흔들릴 정도의 진동이 느껴지기도 했습니다.

우리나라에 닥칠 또 다른 위협은 백두산 화산폭발입니다. 이미 백두산 천지 아래 5km 지점에 마그마 통로가 열렸다고 합니다. 부산대 윤성효 교수는, 1천 년 전에 백두산이 폭발했을 때 폭발등급이 7이었다며, 앞으로도 그정도 폭발이 일어날 수 있다고 했습니다. 7등급 폭발은 2010년 아이슬랜드 화산폭발의 무려 1,000배 이상이나 되는 강력한 폭발입니다. 전문가들은, 백두산이 폭발하면 북한에 국가 존망의 사태를 불러 일으키고, 남북관계에도 일대 변혁을 가져오는 변수로 작용할 수 있다고 지적하고 있습니다.

열병을 앓는 지구와 급변하는 기후

지구온난화로 극지방의 얼음 덩어리가 급속히 녹아 내리고 있습니다. 이미 수년 전 한반도 7배 면적의 거대

소방방재청은, 6.5 지진만 터져도 내진 설계가 약한 건물들은 송두리째 무너질 수 있다고 경고했다.(사진 건물은 설명과 무관함)

한 빙붕들이 무너진 것으로 확인되었고(2005, 1, 27. 동아일보), '돌이킬 수 없는 수준'으로 빨라져 해빙을 막을 수 없는 상태가 되었습니다(2014.5.12. NASA). 미 국립해양대기청(NOAA)의 수전 솔로몬Solomon 박사는 지구온난화가 사실상 '돌아올 수 없는 다리'를 건넜다고 단언했으며, 영국 케임브리지대학의 빙하 전문가인 피터 워드험 교수는, 여름철 해빙을 기준으로 하면 "북극 빙하는 4년 내에 소멸할 가능성이 있다"라고 경고했습니다. 과학자들은 '1만2천 년을 이어 온 기후의 안정성이 사라지고 있다'고 지적하면서, 앞으로 40년 내에 지구의 기온이 최대 1.4~3.0℃가 상승할 것이라고 예견합니다.(BBC, 2012.3.25.)

2003년 미 국방성 보고서는, 다가오는 미래에 미국과 세계에 가장 큰 안보 위협을 기후변화로 지목했습니다. 2007년 반기문 UN사무총장도 남극을 방문한 자리에서, 기후변화가 생각보다 빨리 진행되고 있다며, 지금은 비상상황이고 인류 문명을 위해 비상행동을 취해야 할 때라고 하였습니다.

3) 이제는 대변국을 준비해야 할 때

세계 문명을 뿌리째 변모시키는 이 모든 변혁의 동력은 어디서 오는 것일까요? 나아가 소용돌이치는 전 지구적인 변화의 종착점은 과연 어디일까요?

동양의 개벽문화의 우주관으로 볼 때, 지구 곳곳에서 일어나고 있는 개벽의 물결은 자연의 질서가 완전히 새롭게 바뀌려는 몸짓입니다. 지금은 바로 자연 자체의 변화와 더불어 인간 문명이 질적으로 새롭게 대비약을 하는 우주의 계절 바꿈 시기, 즉 '후천 가을개벽 시대'입니다.

미국의 영능력자이자 작가인 루스 몽고메리는 필연적 자연섭리인 지축의 대변동으로 지구가 대변혁을 하고 새로운 세상이 열린다는 소식을 전하였습니다.

◎ 머지않아 있을 지축변동은 피할 수 없으며, 지축변동은 자연섭리로서 지구 자체의 자정自淨(Cleaning)을 위한 필연적 과정이다.

◎ 지축변동이 있은 후에 지구 상에는 정말 살기 좋은 황금 시대가 열린다. 지축 변동에 대한 어떤 공포에서도 벗어나기를 바란다. 왜냐하면 지축변동과 더불어 앞으로 아름다운 시대가 열리게 되기 때문이다. (루스 몽고메리, 『내일에의 문턱Threshold to Tomorrow』)

폴 솔로몬은 개벽기의 충격에 대해 "미 대륙은 동서로 갈라져 두 동강 난다"라고 하여 미국의 몰락을 예언하였으며, '지구 생명시스템이 거의 파괴'되는 등, 지구는 거의 '완전한 파괴'를 겪게 될 것이라 경고했습니다.

분명 우리가 살고 있는 이때는 지구에 총체적인 대변혁이 일어나 새로운 시대로 넘어가는 과도기입니다. 그 어느 때보다 깨어 있는 마음으로 이 변화의 실체를 파악하고 적극적으로 대처를 해야 할 때입니다.

그러나 세상이 다급하다고 해서 개벽을 자연재앙으로만 보면 종말론에 빠지기 쉽습니다. 자연개벽의 신비를 제대로 알 때 비로소 종말론의 실체를 알고 올바른 대처를 할 수 있습니다. 동서양의 영능력자들과 과학자들은 이구동성으로, 장차 자전축과 공전 궤도의 변화를 예고하고 있습니다. 나아가 천문의 변화, 별자리가 이동한다는 대변화까지 이야기하고 있습니다. 이것이 자연개벽의 비밀입니다.

그런데 곧 닥칠 자연개벽의 변화는 인간의 힘으로는 어찌할 도리가 없습니다. 그러므로 우리에게 중요한 것은 문명개벽과 인간개벽입니다. 자연개벽의 실체를 올바로 인식하고, 문명개벽, 즉 인류가 조화되는 새로운 문명을 구축해야 하는 것이 인류의 당면 과제입니다. 이를 위해서는 인간개벽을 하여 우리 모두의 정신이 코페르니쿠스적 전환을 해야 합니다.

대개벽의 현상에 대해 이야기한 동서고금의 성자와 철인, 영능력자들의 소식을 통해 개벽의 첫째 문을 열어 보겠습니다.

2. 태고시대의 대예언

1) 아스텍족과 호피족의 전설

찰스 버리츠Charles Berlitz가 1981년에 저술한『죽음의 날
Dooms Day, 1999』에는 태고시대부터 전해오는 다양한 예
언들이 소개되어 있습니다.

아스텍족과 호피족이 전한 우주의 계절 바뀜

◎ 고대의 중미 아스텍족의 순환력循環曆과 북미 호피족의
  순환력에서는 현재의 기간(불의 태양)이 끝날 때에 세계가
  파멸하리라고 예고하고 있다.(『죽음의 날』, 25쪽)

아스텍족과 호피족이 사용했던 순환력에서는 현재 시
대를 불의 시대로 말하고 있습니다. 그들은 지구의 계절
바뀜을 뛰어넘는 더 큰 주기가 끝나게 됨을 말한 것입니
다. 고대 아메리카 인디언들이 말한 불의 태양의 기간은
바로 우주의 여름 불(火) 시대를 말합니다.

새로운 세계를 여는 지축 변화

호피족은 우주의 계절 바뀜 현상이 지축과 관련되어 있다는 사실을 알고 있었습니다.

◎ 호피족은 분명히 지구가 축에 중심을 두고 회전하고 있다는 것을 알고 있었다. … 지구의 회전이 흔들려서 세계의 종말이 찾아들어 새로운 시대가 시작되고, 그 후에 같은 일이 되풀이된다.

그리고 현 시대인 제4 세계가 종결되고, 제5 세계인 세계 통일문명을 건설하는 선구자 민족에 대한 이야기도 들어 있습니다.

◎ 물질세계의 문제들은 전 세계를 일가一家로 묶어 주는 절대자의 권능을 행사하는 영적인 존재에 의해 해결될 것이다. … 다가올 미래의 다섯 번째 새 세상을 향한 출발은 이미 시작되었다. (『Book of The Hopi』, 334쪽)

2) 고대 바빌로니아 문명이 전한 대변국

바빌로니아의 점성학자가 전한 '대화재와 대홍수 시대'

버리츠는 또한 2,300년 전 바빌로니아의 역사가이자 점성학자인 베로수스가 읽어낸, 앞으로 일어날 천체 운행 궤도의 변화와 그 후 지구에 닥칠 물과 불에 의한 변국을 전하였습니다.

> ○ 이들 사건은 별이 거쳐 가는 코스가 원인이 되어 발생한
> 다. 그것은 확실히 일어나는 것으로 '대화재와 대홍수의
> 시대'라고 이름 붙여도 괜찮다고 생각한다. 천체가 하나
> 의 직선으로 배열을 이루었을 때 지구상의 만물이 멸망
> 하리라는 것이다. (『죽음의 날』, 38~39쪽)

여기서 우리가 주목할 것은 이러한 대재난의 근본 원인
이 여러 행성의 궤도 수정에 따라 일어난다는 것입니다.

대개벽의 비밀을 푸는 암호 3과 7

바빌로니아인들은 어떻게 미래 세계에 대해 변화의 본
질을 알 수 있었을까요? 바빌로니아인들은 천문학이 고
도로 발달한, 서양 문명의 뿌리인 수메르 문명의 유산을
이어 받았기 때문입니다.

4,300년 전 수메르 문명을 통일한 사르곤 대왕이 바로
이 개벽의 비밀, 인류의 창세 문명과 닥쳐오는 대개벽의
비밀을 푸는 암호를 쥐고 있습니다. 그것이 바로 신단수
의 3수와 상투 머리입니다. 이 얼마나 놀라운 일입니까!

수메르와 아시리아 왕들의 머리 모양인 상투는 하늘의
통치자가 계신 별, 북두칠성을 섬기던 문화입니다. 현재
우리가 사용하는 일주일 7일은 수메르 문명에서 나왔다

고 합니다. 수메르인들은 일곱 주신主神에게 요일별로 제를 올렸는데, 이 제도에서 일주일이 나온 것입니다. 수메르는 일곱 주신에게 제를 지내기 위해 7층으로 된 지구랏도 만들었습니다. 「요한계시록」에는 일곱 성령이 나옵니다. 수메르 문명을 개벽한 근본 문화코드가 7수였음을 알 수 있습니다.

이 7이라는 숫자에는 신비한 비밀이 담겨 있습니다. 선천 문명을 개벽한 숫자가 7이었듯이, 개벽기에 인류를 구원하고 후천 문명을 여는 비밀도 7수에 담겨 있습니다.

사르곤 왕이 서 있는 생명의 나무 가지는 모두 3수로 되어 있습니다. 이 3이라는 숫자에도 개벽의 비밀을 풀 수 있는 코드가 들어 있습니다. 이 책을 끝까지 읽어 나가면

◀상투 머리의 사르곤 왕_3수 구조로 된 신단수 앞에 서 있다.

바빌론의 지구랏 복원도

그 비밀을 알 수 있을 것입니다.

3) 무Mu 대륙 문명이 인류에게 전한 경고

대양 깊은 곳에 잠들어 있는 고대 아틀란티스와 무Mu 대륙 문명은 지질학적으로 볼 때 지금부터 약 1만2천 년 전에 침몰한 것으로 추정됩니다.

◎ 미국의 대학자로 노벨상 수상자인 W.F. 리비(1908~1980)가 말한 바에 의하면, "약 1만4백 년 전, 인간의 자취가 갑자기 사라졌다. … 지금까지 입수된 자료에 의하면 바로 이 무렵에 인류의 연속성에 단절이 일어났다 …"고 하였다. … 아메리카 대륙, 유럽, 중앙아시아에서도 단절이 보인다. (『잃어버린 고대문명』, 57~60쪽)

이때 사라진 고대 문명 중 태평양에 존재했다고 전해지는 '무' 대륙의 마지막 왕인 '라무'가, 그들의 최후가 임박했을 때 울부짖는 국민들에게 고했다는 다음 이야기는 우리에게 경종을 울리고 있습니다.

플라톤 동상_플라톤은 아틀란티스가 기원전 1만 년경에 침몰했다고 했다.

○ 너희들은 그 종들이나 재물과 더불어 죽을 것이다. 그리고 그 재 속에서 새로운 민족이 생겨날 것이다. 하지만 그들도 많이 얻는 것보다 많이 주는 것이 더 훌륭하다는 사실을 잊을 때 이 같은 재앙은 그들 위에 내려질 것이다.

3. 노스트라다무스와 남사고가 전한 미래

1) 인류 미래의 시를 쓴 노스트라다무스

세계의 미래가 모두 담긴 『백시선』

미셸 노스트라다무스는 전생에 기독교의 천사장인 미카엘Michael이었다고도 전해지는, 불란서 출신의 위대한 예지자입니다.

그는 의학, 점성학, 수학 등을 공부한 지성인이었습니다. 44세에 재혼하여 아들 세자르를 낳았는데, 흑사병으로 과거에 아들을 잃은 상처가 있어, 이 아들에 대한 사랑으로 미래의 소식을 담은 예언서 『백시선』 등을 남겼습니다.

노스트라다무스는 "이 책속에 세계의 미래가 모두 담겨 있다"라고 말하면서, "천체의 운행에 의해 계산된 것이고, 조상들의 정신이 합쳐

노스트라다무스의 초상
(1503~1566)

서" 미래 소식을 전한다고 하였습니다. 『백시선』에는 대전쟁과 대지진, 인류를 절멸시키는 괴질 등의 대변혁과 인류를 구원할 하느님의 강세에 관한 영상이 파노라마처럼 펼쳐져 있습니다.

대전쟁 병란兵亂과 괴질 대병란病亂

그러면 장차 이 우주에 펼쳐질 신세계는 어떤 과정을 거쳐 오는 것일까요?

◎ 종말이 올 때 갖가지 이변이 덮쳐온다. 그리고 지구 대이변의 마지막은 화성이 불러일으킨다. 유례없는 질병, 전쟁, 기아, 대지진 …. 아들아, 이리하여 '세상의 변혁과 별들' 은 합치하는 것이다. (『아들에게 보내는 편지』)

노스트라다무스는 이 변혁이 자연질서의 대변화 때문에 일어나는 것이라고 했습니다. 특히 "커다란 혼란 뒤에 '더 큰 혼란'이 준비되고 있다"고 하여, 재난이 동시다발적으로 증폭되어 일어난다고 했습니다. 즉 자연개벽과 문명개벽이 동시에 일어난다는 것입니다.

◎ 무서운 전쟁이 서쪽에서 준비되면
  다음 해에 질병이 퍼지고
  너무도 무서워 젊은이도 늙은이도 동물도
  (달아날 수가 없게 된다.) (『백시선』 9:55)

노스트라다무스는 또한 이 질병에 대해 "낯선 병이 달마티아에서 유행하다가 널리 퍼져 모든 대지를 멸망시키리라"(『백시선』 2:84)라고 하였고, 앙리 2세에게는 더 충격적인 참상을 전하였습니다.

◦ 세계의 2/3가 죽게 될 질병이 광범위하게 나타납니다. 아무도 들판과 집의 진정한 주인을 알지 못할 정도로 많은 사람들이 죽고 성직자들은 완전한 비통함에 젖어 있게 될 것입니다. (『앙리 2세에게 보내는 편지』)

이 괴질에서 나를 살리는 존재와 죽이는 존재는 누구일까요?

인류를 구원하는 앙골모아의 대왕

◦ 1999 일곱 번째 달
하늘에서 공포의 대왕이 내려오리라:
앙골모아의 대왕이 부활하리라.
화성을 전후로 행복하게 지배하리라. (『백시선』 10:72)

『백시선』의 원문을 보면, 그가 예언하고 있는 종말의 때는 "L'an mil neuf cens nonante neuf"라고 되어 있습니다.

그런데 현대 불어에서는 이 99라는 숫자를 '4×20+19(quatre-vingt-dixneuf)'라고 표기합니다. 16세기 불어인

'nonante neuf'라는 말은, 현대 불어에서처럼 '4×20+19'가 아니라 99로 해석되며 엄밀하게 따지면 '90의 9'로 해석할 수 있습니다. 또 뇌프neuf라는 단어에는 아홉이라는 뜻 외에 '새로운, 신참인'이라는 뜻도 들어 있습니다.

그러므로 이 구절을 단순히 1999년으로만 이해하면 안 되는 것입니다. 본문의 뜻을 손상시키지 않으면서 문제의 시구를 우리말로 옮긴다면 '1900, 90, 9, 7의 달'로 해석할 수 있습니다(7월은 'juillet'란 단어를 씁니다). 9라는 수는 새 질서의 개벽으로 들어서는 대변화의 시간 과정을 뜻하는 것으로 봐야 합니다.

이 시간대의 비밀은, 숫자에 담겨 있는 철학적 의미를 파악할 때 비로소 드러납니다. 상수원리象數原理(숫자의 철학적 의미를 탐구하는 동양의 학문)에 따르면, 9와 7은 둘 다 분열 작용의 마지막 단계를 나타내는 수(象數)로서 9는 '작용의 끝수(終數)'이며, 7은 분열의 최후 단계에서 작용하는 '천지기운(火氣)을 상징하는 상수'입니다. 그러므로 '1900, 90의 9년, 7의 달'이라는 구절의 정확한 의미는, '분열의 최후 단계 과정'이라는 뜻입니다. 노스트라다무스는 9와 7을 연속적으로 배열함으로써 인간문명이 극도로 다극화, 다분화됨을 나타냈고 이때가 바로 대변혁의 시간대임을 암시한 것입니다.

노스트라다무스가 말한 공포의 대왕은 인류 심판을 집행하는 천상의 우두머리로, 바로 뒤 남사고의 대예언에서 더욱 구체적으로 밝혀집니다. 앙골모아 대왕은 대환란에서 인류를 구원하는 분으로, 이 책을 읽어나가시면 그 비밀의 베일을 벗길 수 있습니다.

그러면 인류를 절멸시키는 괴질은 왜 발생하고, 이 괴질에서 살아날 방법은 무엇일까요?

70억 인류의 생명줄을 끊는 서풍의 비밀

◎ 떠나라, 떠나라, 모두 쥬네브를 떠나라
　'황금의 사투르누스' 가 '쇠' 로 변하리라
　'레이포즈' 에 반대하는 자는 모두 절멸되리라
　그 전에 하늘은 징조를 보이리라.
　Migréz, migréz de Genève trestous,
　Saturne d' or en fer se changera,
　Le contre Raypoz exterminera tous,
　Avant l' advent le ciel signes fera. (『백시선』 9:44)

쥬네브는 스위스의 제네바를 가리킵니다. 그리고 '사투르누스'는 로마 신화에서 나오는 말로, 별에서는 토성土星을 의미합니다. 사투르누스는 동양의 우주론에서 오행五行 가운데 토土에 해당하며, 십토十土로서 음과 양, 두 생명 기운이 통일된 상태(무극)를 가리킵니다. 이 중성의 조화 생명은 색채로는 황금색입니다[木은 靑, 火는 赤, 土는 黃, 金은 白, 水는 黑]. 그래서 노스트라다무스가 '황금의 사투르누스'라고 말한 것입니다. 그리고 '쇠' 또한 물질적인 금속이 아니라 오행 가운데 금金을 상징합니다.

그런데 우주의 여름철 성장기에서 가을 성숙기로 대전환을 할 때는 '화극금火克金'이라는 상극 현상이 발생합니다. 이때는 반드시 통일의 조화 기운인 십토十土가 중개함으로써 '토생금의 상생 원리'로 변화하게 됩니다.[火生土, 土生金] '황금의 사투르누스가 쇠로 변하리라'는 말은 바로 '사투르누스'라는 중성 생명[10土=무극기운]이 금 기운을 낳음으로써 무사히 '성숙기인 가을철 새 시대로 전환하는 것'을 가리킵니다.

중성 생명의 천지 기운이 쇠[金]로 변할 때, 즉 여름철에서 가을로 갈 때는 만물을 죽이는 기운(숙살肅殺기운)이 지상의 모든 생명을 열매만 남기고 멸절시킵니다. 따라서 레이포즈는 가을철 숙살기운을 몰고 오는 서풍西風, 서신西神으로 해석할 수 있고, 오행 기운으로 배치하면 서방을 상징하는 금신金神이라 할 수 있습니다. 레이포즈는 그리스 신화의 서신西神 제퓌로스의 문자 순서를 바꾸어서 만들어진 단어(아나그램anagram)인 것입니다.

노스트라다무스는 당시의 시대적 상황 등 여러 가지 이유 때문에 고의로 철자 순서를 바꾸어 '제퓌로스'를 '레이포즈'라고 함으로써, '가을철 숙살 기운을 몰고 오는 서풍西風'을 비밀스럽게 감춘 것입니다. '레이포즈에 반대하는 자는 모두 절멸되리라'는 '서풍, 즉 결실하는 가을철 섭리를 거스르는 자는 선한 자와 악한 자, 종교를 믿는 자와 그렇지 않은 자를 가릴 것 없이 한 사람도 예외 없이 멸망을 당하리라'는 뜻입니다.

"Raypoz & Zephyros"

그러면 가을의 숙살 기운이 내려칠 때 구원의 길은 어디에서 찾을 수 있을까요?

하느님의 지상 강세와 구원의 사도

◎ 위대하시고 영원한 하느님은 변혁révolution을 완수하기 위하여 오실 것이다. (『아들에게 보내는 편지』)

◎ 동양인이 자기 고향을 떠나리라. 아페닌 산맥을 넘어 골(La Gaule)에 이르리라. 하늘과 물과 눈을 넘어 누구나 '그의 장대'로 맞으리라.(『백시선』 2:29)

노스트라다무스가 아들 세자르에게 남긴 메시지 중에

서 가장 놀라운 것은 '하느님이 당신의 의도를 이루시기 위해 지상에 '직접 강세하신다'는 소식과 하느님의 뜻을 이루는 구원의 무리가 동방에서 온다는 것입니다.

노스트라다무스는 또한 자연개벽의 핵심에 대해서도 한 소식을 전하고 있습니다.

바로 서는 지구의 자전축

◎ 천체는 그 운행을 다시 시작할 것이며, 지구를 견고하고 안정케 하는 뛰어난 회전 운동은 영원히 그 축 위에

◎ '기울어진 채로 있지는 않을 것' 이다. … 그것은 '하느님의 의지' 대로 완수될 것이다. (「아들에게 보내는 편지」)

노스트라다무스는 장차 지구가 올바른 궤도, 즉 안정된 정원궤도로 돌게 될 것을 암시하면서 이것이 하느님의 의지에 따라 이루어지게 될 것을 강조하였습니다.

이 구절의 숨은 뜻은, 무엇보다 우주가 통일되는 천지대운을 타고 우주의 최고 통치자께서 친히 인간의 몸으로 강세하신다는 것입니다. 노스트라다무스는 대자연의 순환 법칙에 의해 장차 대변혁이 일어나 이 우주가 새로운 세계질서로 진입하게 될 것이라 하였습니다. 이것이 노스트라다무스 예언의 핵심 내용입니다.

2) 미래의 서사시, 남사고의『격암유록格庵遺錄』

천문·지리에 통달한 철인, 남사고

서양의 노스트라다무스가 전한 소식을 더 구체적으로 전한 동방의 철인이 있습니다. 노스트라다무스와 거의 같은 시대에 지구 반대편에 살던 격암格菴 남사고南師古(1509~1571)입니다. 조선 명종 때의 철인 남사고는 경북 울진蔚珍 사람으로,『주역』을 깊이 연구하여 천문, 지리에 통달해서 예언을 기묘하게 적중시켰다고 합니다.

그의 정신세계는 노스트라다무스와 전혀 달랐지만, 신의 숨결과 합치된 순결한 영혼으로 미래 인류의 삶을 전하고 있습니다.

하늘이 내리는 재앙, 대병겁

남사고는 대변국의 상황에 대해, 인류 역사상 일찍이

남사고 유적지(경북 울진군)(좌)와 격암유록(우)

없던 '지구촌을 강타할 하늘이 내리는 재난인 대병겁'을
예고하였습니다.

◎ 하늘에서 불이 날아 떨어져 인간을 태우니 십리를 지나
  가도 한 사람 보기가 힘들구나. 방이 열 개 있어도 그 안
  에 한 사람도 없고 한 구획을 돌아봐도 사람은 보이지 않
  도다. … 이름 없는 괴질병은 하늘에서 내려준 재난인 것
  을, 그 병으로 앓아 죽는 시체가 산과 같이 쌓여 계곡을
  메우니 어찌할 도리 없어라. (『말중운』)

여기서 '날아다니는 죽음의 불'로 묘사한 소두무족小頭
無足은, 남사고의 여러 예언을 종합해 볼 때, 천병天兵 즉 하
늘의 신병神兵으로, 인간의 죄악을 심판하는 괴질신장들입
니다.

천 명의 조상신 중 자손 한 명만 사는 운수

◎ 작은 머리에 다리가 없는小頭無足 '하늘의 신장들'이 날아
  다니며 불을 떨어뜨리니 '조상이 천이 있어도' 자손은
  하나 겨우 사는[千祖一孫] 비참한 운수로다. (『말중운』)

천상에 계신 천 명의 조상신 가운데 단 한 명만의 자손
이 살아남을 수 있다는 이 예언에서, 우리는 개벽기에 구
원의 새 진리를 만나는 것이 얼마나 어려운지를 느낄 수
있습니다.

해원의 진리가 나온다.

◎ 각각의 도와 교가 제 나름대로 주장하나 신앙혁명이 이루어짐을 알지 못하는도다. 어떻게 깨치지 못하고 난세에 살 수 있으랴. 하늘이 대도를 내려주는 시대가 바로 지금이라(天降大道此時代). 도의 가르침을 순종하여 한마음이 되어 해원을 알지라(從道合一解寃知). (『정각가』)

남사고는 장차 인류를 구원하는 새로운 종교를 '해원解寃의 진리'라 했습니다. 또 이 시대를 '인간의 한, 역사의 한, 인간으로 왔다 죽은 천지간의 모든 신명神明의 한, 천지 안의 모든 한恨을 완전히 풀어 버리고(해원) 새롭게 거듭나는 때'라 선언하면서 인류에게 해원의 이치를 전했습니다.

천상에 계신 성인들도 복 없음을 한탄한다

◎ 세 성인이 복 없음을 한탄하고 있는 줄을 모르나니, 이때의 운은 서신사명西神司命이 맡았으니 저 도적의 세력이 애처롭기 짝이 없구나. (『말운론』)

세 성인은 공자, 석가, 예수를 가리킵니다. 남사고는 인류 구원의 운運이 기성종교의 성자들에게 있는 게 아니라, '서신사명西神司命'에 있다고 했습니다. 서신이란 무엇일까요? 서西는 방위로는 서방, 계절로는 가을철을 의미하므로, 서신은 가을 개벽기에 인간 세상에 오시는 백보좌 아버지 하느님의 구원 섭리를 상징하고 있습니다. 그리고 '어느 성인이 진정한 성인인가? 진짜 성인 한 사람을 알려거든 소 울음소리가 있는 곳을 찾아드소'라고 전하였습니다. '서신사명, 소 울음 소리가 있는 곳, 무극대도', 여기에 인류 구원의 비밀이 들어 있습니다.

한 마디로 남사고는 지금이 도솔천의 하느님이신 미륵부처님께서 인간으로 오셔서 인류를 구원하는 개벽기라는 것과 동서의 모든 종교가 심각하게 안고 있는 진리의 한계를 하느님 아버지가 직접 내려주시는 새 진리의 손길로 치유하는 구원의 시대임을 전해준 것입니다.

하느님 아버지의 강세 시대

◎ 이때는 천지가 뒤집어지는 시대(天地反覆此時代)이니, 하느님이 사람으로 내려오는 때인데(天降在人此時代) 어찌 영원한 생명이 있음을 모르는가? 가지와 이파리같이 뻗어나간 도를 합하는 운이라. … 하나의 도로써 (모든 종교가) 통일되니 모든 사람들이 화합하고, 덕이 있는 마음이 화합을 낳으니, 도가 없으면 멸망하느니라. (「말운론」)

이 예언의 요지는, 천상의 절대자(미륵부처님 = 상제上帝님, 帝는 본래 '하느님 제' 자임)께서 천지운행 도수가 뒤바뀌는 대전환기에 몸소 사람으로 강세하신다는 것입니다. 즉, 성자시대가 끝나고, 아버지가 직접 내려오시는 성부시대가 시작된다는 뜻입니다. 인간으로 직접 오시는 이 아버지 하느님이 친히 펼치시는 대도, 즉 무극대도無極大道에 의해 모든 종교 진리가 통일되어, 인류가 한마음으로 화합하고 모든 소망이 현실세계에서 이루어지는 지상낙원이 열린다는 말입니다.

조선에서 출현하는 무극의 도

◎ 천하의 문명이 간방艮方(동북방)에서 시작하니(天下文明始 於艮) 동방예의지국인 조선 땅에서도 호남지방, 전라도에 서 천지의 도를 통하니 무극의 도라. 도를 찾는 군자, 그리고 수도인들아, 계룡산을 찾는다는 말인가. 세상사가 한심하구나. (「성운론」)

노스트라다무스는 구원의 사도가 동방에서 출현한다고 하였고, 주역에서는 간艮방에서 선천 문명이 끝나고 후천 문명이 시작된다고 하였습니다. 이에 대해 남사고는 동북방(간방)에서도 조선, 조선 땅 중에서도 전라도에서 인류역사 초유의 대통일 진리(무극대도)가 출현한다고 더욱 구체적으로 밝힌 것입니다.

남사고는 여러 예언을 통해, 지구촌의 대변혁을 마무리 짓는 세계사의 새로운 역사가 한국에서 첫 출발을 한다는 경이로운 소식을 전하였습니다.

4. 동서양 영능력자들의 경고

1) 초인 에드가 케이시의 예언

잠자는 신비의 예지자

미국이 낳은 가장 위대한 20세기의 예지자 에드가 케이시(1877~1945)는, 정원에 있는 자라지 못하는 꽃에게 말을 걸어 잘 자라게 할 정도로 천성적으로 영성이 매우 예민하게 발달하였다고 합니다. 대우주의 심령과 통하는 능력을 갖게 된 케이시는, 지상의 인간에게 신의 목적을 이해시키는 것을 자기 인생의 대의명분으로 여겼습니다. 영적인 능력으로 불치병 환자를 많이 고쳐 주기도 한 그는 '세계적인 대변동, 지진, 지구 자체의 대이변' 등에 대해 방대한 내용의 예언을 남겼습니다.

아메리카 대륙의 미래

케이시는 로스앤젤레스, 샌프란시스코, 뉴욕의 대부분이 파괴될 것이라 하였으며, 그 중에서도 로스앤젤레스와 샌프란시스코의 대부분은 뉴욕보다 훨씬 먼저 파괴될 것이라고 말하였습니다.

케이시의 여러 예언을 종합하면 대도시의 파괴는 폭탄에 의한 것이 아니라, '대자연의 힘에 의해서 일어날 것'이라 합니다. 그는 여러 번 "미합중국 동해안 지역의 대부분은 서해안 지역이나 중앙부와 마찬가지로 혼란에 빠질 것이다"라고 말했습니다.

그 밖의 주요 지역의 변화에 대한 예언은 이렇습니다.

세계 주요 지역의 대변화

◎ 일본의 대부분은 바다 속으로 반드시 침몰할 것입니다.
  (The greater portion of Japan must go into the sea)

◎ 유럽의 북부는 눈 깜짝할 사이에 변화할 것입니다.

케이시는 유독 일본에 관해서 예언할 때 일반적으로 거의 쓰지 않는 '반드시 그렇게 될 것[must]'이라는 강력한 표현을 사용하였습니다. 이것은 일본 열도가 필연적으로 침몰할 수밖에 없다는 점을 강조한 것입니다. 유럽 또한 미대륙과 같이 크나 큰 변화가 있을 것을 예고하였습니다.

자전축의 변화와 새로운 지구 궤도

"생명은 오늘 해야 할 일을 위해서 존재합니다"라고 입버릇처럼 말했던 갈색머리의 영능력자 에드가 케이시는, 1936년부터 시작된 지구 자전축의 변화를 역사상 어느 예언자보다도 구체적으로 밝혔습니다.

케이시는 지상에서 일어나는 큰 재앙의 가장 큰 원인은 '지구 자전축의 변동' 때문이라고 하였습니다. 그는 또한 극점 이동의 서곡으로 '북극 및 남극지방의 대변동'과 열대지역의 화산폭발에 대해서도 말했습니다.

케이시의 예언에서 또 하나 중요한 것은, 천지의 대변화를 일으키는 우주변화의 순환주기에 대한 내용입니다.

◎ 극이 이동합니다. 극의 이동이 생길 때 '새로운 사이클'이 생깁니다. 이는 곧 '재조정의 시기'가 시작되는 것입니다. 지축의 극히 미미한 이동도 지각에는 중대한 결과를 가져옵니다. 오늘날 이 땅에서 가장 필요로 하는 것은 무엇인가요? 사람들에게 '신의 찬란한 날'이 가까이 왔다는 것을 알려줄 것, 또 그들의 경험을 통해서 믿지 않는 사람들에게 이제 일어나려고 하는 현상을 알게 해줄 것 들입니다.

2) 미래 지도를 그린 고든 마이클 스칼리온

전 지구적인 지리 변화

모든 생명체가 멸망하는 때를 보았다고 주장하는 고든 마이클 스칼리온Gordon Michael Scallion은 "오늘의 이 세계는, 본질적으로 천재지변에 관계된 새로운 종류의 환경적 파국

들이 끊임없이 발생하는 재난 지대로 변화하고 있다"라고
경고하고 있습니다.

◎ 캘리포니아 지역에 강도 10~15의 초강진이 발생할 것이
   다. … 그 결과 캘리포니아 해안 지역 대부분이 물에 잠기
   게 되며 기존의 육지가 섬들로 변하게 될 것이다. (『미국의
   미래지도: 1998~2001』)

   스칼리온이 경고한 미국 서부 해안 지역의 대규모 지각
변동과 일본의 침몰, 하와이 제도의 침수, 눈 깜짝할 사이
에 벌어질 유럽 대륙의 침강, 아틀란티스 대륙의 융기 등

로리Lori Toye 여사는 80회의 명상 끝에 지도를 그렸는데, 스칼리온이 그
린 이 지도와 대단히 유사하다.(〈고대의 예언들 2〉, NBC, 1994.11.18.)

은 케이시의 예언과 상당히 유사합니다. 특히 그는 미국의 상당 부분이 바다에 잠긴 미래 지도를 그려 큰 충격을 안겨 주었습니다.

극 이동과 초급성 괴질의 엄습

스칼리온은 인류가 맞이할 가장 큰 변국으로 지구의 극 이동을 꼽고 있습니다. 스칼리온은 지구 극이동의 변화가 시간 질서의 순환 사이클 속에서 발생하는 주기적 사건이라고 말하였습니다. 또한, 지축의 이동과 함께 인간 능력으로는 도저히 알 수 없는 괴병(unknown disease)이 갑자기 출현한다고 했습니다.

◎ 자기 에너지의 변화로 인해, 새로운 질병이 발생할 것이다. … 대재난이 절정에 달하는 시기가 되면 새로운 질병과 갑작스런 전염병이 지구를 휩쓸 것이다. (『지구변화−오스트레일리아』, 1992.12.17, Audio tape)

3) 모이라 팀스 − 임팩트 존에 진입한 인류

모이라 팀스는 미래연구가로서, 동서고금의 예언과 다가올 대자연의 변국에 대해 많은 연구를 한 여성 학자입니다. 그녀는 『예언과 예측을 넘어서』에서 지금 인류가 "임팩트존Impact zone"(지구촌 인간과 모든 생물의 생사가 엇갈리는, 거대한 충격을 받는 바로 그 순간)에 이르고 있다고 하면서, 이때는 '대정화의 시대'이며, 인류는 대자연의 힘과 완전히 하나 되는 삶을 준비해야 하는 때라고 강조합니다.

◎ 지금 전 인류는 운명공동체로서, 거대한 개벽의 파도를 함께 타고 있다. 바로 그 순간, 임팩트 존에 다다를 때, 우리는 자연의 힘과 완전히 공명共鳴되고 동조同調되어야만 한다. (『예언과 예측을 넘어서』 서문)

지금 태양계는 중앙태양의 영적 오오라 속으로 진입하고 있는데, 이로 인해 정도의 차이는 있지만 모든 사람의 의식이 새롭게 변모된다고 합니다. 그녀는 1987년에 이미 조화수렴調和收斂의 우주 에너지가 가동되기 시작했으며, 이는 대정화의 시작을 알리는 신호라고 했습니다. 또한, 극이동은 우주의 조화와 생물권의 조화를 재구성한다고 했습니다.

4) 페닉스 노아 – 세상을 깨끗이 청소하는 시대

신비주의 연구자이자 일본 정통 점성학의 일인자로 알려진 페닉스 노아는 「요한계시록」, 노스트라다무스의 『백시선』, 점성학을 결합하여 인류 미래사의 대전환 소식을 설명하였습니다.

그는 앞으로 펼쳐질 "보병궁시대는 신비학자들에 의해 세상을 깨끗이 맑히기 위한 '빗자루와 총채, 그리고 쓰레받기의 시대'라고도 불리는데, 이것은 예언의 핵심을 찌르는 가장 인상적인 말이다"라고 주장하였습니다.

또한, 그는 "세계사가 다시 그 발상지로 향해 중심을 이동하기 시작할 때 세상의 종말이 온다"라는 명언을 인용하면서, 이러한 변국이 단순히 파괴만을 위한 것은 아님을 강조하고 있습니다.

페닉스 노아는 인류를 구원하실 분에 대해서도 한 소식을 전했는데, "인류를 실질적으로 구원해 주실 위대한 인물이 20세기에 탄생하리라"라고 밝힌 진 딕슨의 희망찬 미래를 언급하면서, 인류의 원대한 꿈이 실현되는 새 시대가 도래한다고 하였습니다.

5) 아일랜드 수도승 성聖 말라키의 대예언

1148년에 타계한 아머의 대주교 말라키 오모겐(1094?~1148)은 신비주의 수행을 하던 순수한 구도자로서, 로마 가톨릭에 적지 않은 충격을 준 인물이었습니다.

가톨릭에서 성인 칭호를 받은 말라키는 자신이 살던 12세기 초반부터 인류 역사의 마지막 순간까지 112명의 교황이 나올 것을 예언했습니다. 그리고 그 재임기간, 출신지, 특징을 열거하였는데, 그 대부분이 적중했다고 합니다.

예를 들어 2005년에 선종善終한 요한 바오로 2세에 대해 '태양의 신고辛苦(일식)'라고 기록했는데, 실제로 이 교황은 일식 기간 중에 태어났으며, 16세 베네딕토 교황은 '올리브의 영광'이라고 서술했는데, 베네딕토 수도회의 상징이 바로 올리브였습니다.

마지막 교황의 시대

성 말라키가 예언한 인류 역사의 마지막 교황, 112번째 교황은 '로마인 베드로'입니다.

◎ 마지막 박해의 때에 로마교회는 'Peter the Roman(로마인 베드로)'이 통치하고 있을 것인데, 그는 그의 양 무리들을 많은 환란 가운데서 먹이게 될 것이다. 그리고 그 (환란들) 후에 7개의 언덕으로 된 도시(로마)는 파괴될 것이고 끔찍한 심판이 백성들에게 내려질 것이다.

최근 16세 베네딕토 교황 사임 후 112번째 교황으로 선출된 프란치스코 교황은 부모님이 이탈리아 출신으로 남미로 이주한 로마인입니다. 예수회 출신인 그의 이름은 '죠반니 프란치스코 디 피에트로 베르나르도네Giovanni Francesco Di Pietro Bernardone'입니다. **피에트로**라는 이름은 베드로Peter의 이탈리아식 표기로, **놀랍게도 말라키가 예**

언한 마지막 교황의 이름과 같습니다.

마지막 교황의 시대에는 어떤 일이 일어날까요? 교황 피우스 10세는 1909년에 프란치스코 수도회를 방문한 자리에서 갑자기 실신 상태에 빠졌는데 얼마 후 의식을 회복하자마자 이렇게 고백했다고 합니다.

◎ 오오, 얼마나 무서운 광경인가. 나 자신이 아니 나의 후 계자인지도 모르지만, 로마 법왕의 자리에서 내려와 바 티칸을 떠날 때에, 사제들의 시체를 밟아 넘으며 걷지 않으면 안 되었다!

6) 파티마 제3의 비밀 – 성모 마리아의 대예언

파티마 예언의 비밀 이야기

1981년 5월 2일 더블린에서 런던으로 가는 아일랜드 항공기에서 기괴한 공중 비행기 납치 사건이 발생했습니다. 비행기를 납치한 오스트레일리아 출신의 로렌스 다우니(53세)라는 수도사의 요구사항은, "바티칸(로마 법왕청)은 '파티마 제3의 비밀'을 세상에 공표하라"라는 것이었습니다. 대체 이 파티마 제3의 비밀이 무엇이기에 비행기까지 납치하며 공개를 요구했고, 로마 교황청은 왜 공개를 거부했을까요?

파티마 제3의 예언 내용은 성모의 고지告知로 1960년

성모 마리아를 친견한 세 소녀
루치아, 프란시스코, 야신타(왼쪽부터)
1917년 5월~10월까지 포르투칼에 성모
마리아가 나타남.

까지는 발표되지 않았습니다. 그 후 교황 요한 23세(재위 : 1958~1963)가 전문을 읽었으나 공개하지 않았고, 그 다음으로 이 비밀의 전문을 읽은 사람은 바오로 6세(재위 1963~1978)입니다. 그는 기록을 개봉하여 본 뒤 의자에서 굴러 떨어져 실신할 정도로 큰 충격을 받았다고 합니다.

◎ 아, 가엾어라. 법왕님. 법왕님이 층층대를 내려오시며 수많은 시체를 넘을 때, 사람들이 돌을 던지며 욕설을 내뱉었고, 법왕님은 손을 이마에 대고 울고 계셨다. (『충격의 파티마 대예언』)

교황 요한 23세와 바오로 6세는 바로 자신들이 심판의 대상이 될 것이라는 내용 때문에 큰 충격을 받아 예언 내용을 공개하지 못하였던 것입니다.

바오로 6세가 발표한 파티마 비밀 내용
– 인류 대심판은 70억 인류 모두에게 찾아온다.

다음은 교황 바오로 6세가 이 파티마의 비밀을 간추려

서 세계의 교회 지도자들에게 발송한 내용입니다.(아래의 20세기 후반이란 표현은, 본래의 메시지와 관계없는 교황청의 자의적인 해석이며 이를 감안하고 읽어야 합니다.)

○ 20세기 후반기에 이르면 하느님의 큰 시련이 인류의 생활에 닥치게 될 것이다. 하느님의 벌은 홍수(노아 때의 대홍수) 때보다도 더욱 비참하게 된다. 위대한 사람이거나, 세력이 없는 사람이거나, 착한 사람이거나 또는 나쁜 놈이거나 모두 함께 멸망한다.

20세기 후반에 가서 큰 전쟁이 일어난다. 불과 연기가 하늘로부터 쏟아져 내리며, 큰 바다의 물은 끓는 물처럼 치솟아 오른다. 그 환란에 의해서 지상의 많은 것은 파괴되고 헤아릴 수 없는 많은 사람이 멸망한다. 산 사람은 오히려 죽은 사람을 부러워할 정도의 어려움을 겪는다. 목자는 그 신도들과 함께 멸망하게 된다. 이르는 곳마다 죽음이 승리를 부른다. (고도 벤,『성모 마리아의 대예언』)

20세기 후반은 이미 지났습니다. 하지만 노스트라다무스의 예언에서 1999년 일곱째 달이 가지는 의미처럼, 파티마 예언에서 말한 20세기 후반은 구시대가 끝나고 새로운 시대가 시작되는 때를 말한 것으로 해석해야 합니다.

5. 한민족이 전하는 미래 소식

한민족의 영능력자들이 들려주는 미래 소식의 가장 큰 특징은 서양의 예지자나 그 밖의 성자들이 전하는 소식과는 달리, 대변혁의 절망적인 현상만을 전하는 것이 아니라 그 원인을 우주원리로써 함께 밝혀 주고 있다는 점입니다. 그리고 조상을 잘 모시는 것이 얼마나 중요한지 가슴이 서늘할 정도로, 충격적으로 전하고 있습니다.

1)『신교총화』에서 전하는 한민족과 인류의 미래

자하선생과 팔공진인

『신교총화神敎叢話』는 이름 그대로 신교에 얽혀 있는 주요 내용을 정리한 이야기 모음집입니다. 이 책은 자하선생과 팔공진인 두 사람이 진리에 대하여 강론하는 식으로 구성되어 있습니다. 두 선인仙人은 유·불·선 기독교가 뿌리를 박고 있는 동방의 인류 원형 종교 신교에 도를 통한 대신선입니다.

자하선생과 팔공진인은 사제지간으로 스승인 자하선생은 광동인廣東人으로 이름은 이고李橰이고, 자는 덕화德和이며, 자하紫霞는 그의 호입니다. 태백산 구화동九花洞에서 살았고 『신교총화』 저작 당시인 계사(1893)년에 543세였으며 여동빈과 함께 가야산에 은거해 있다고 합니다.

팔공진인의 성은 유柳, 함자는 성성成性이며 항상 팔공산八公山에서 기거하여 세인이 팔공진인이라 불렸다고 합니다.

『신교총화』는 미래 세상의 모습과 더불어 도道의 핵심 주제를 소상히 전하고 있습니다.

신교는 모든 종교와 진리의 모체

◎ 신교는 뭇 종교의 조상이며 모체가 되는 뿌리 진리이다.(神教之爲 衆教之爲祖, 爲母之理.)

뭇 종교의 조상이라고 한 신교란 무엇일까요? 신교란 동서양 종교의 근원이요 모체종교로서, 문자 그대로 '신의 가르침'을 말합니다. 태고 시대는 천상에서 내려준 신교로 사물의 참모습을 보고 일상생활을 하고 나라를 다스리던 황금시대였습니다. 이제 우주의 가을이 되면 이 신교 문화가 다시 인류사의 전면에 등장하게 됩니다.

개벽기에 인류를 구원하는 신교

두 선인仙人은 "사람마다 하루에 만 리를 가고, 솔개처럼 하늘을 나는" 대문명이 열린 후에 후천개벽이 온다고 하였습니다. 그러나 "공중에서 전쟁하는 지경에 이른 연후에"라고 하여 후천 직전에 큰 전쟁이 일어난다고 하였고 "천도가 바로잡히게 되리라(乾坤復明)"라고 하여 이때에 세상을 구할 가르침이 탄생할 것을 알렸습니다.

○ 오직 우리나라의 종교가 장차 천하를 건져내는 제1의 진리가 되리라(惟我宗教之將爲天下一)

두 선인은 신교의 가르침이 세계로 널리 전해지며 한국의 운이 다시 용솟음치고, 단군조선 때의 영토를 회복하게 된다고 하였습니다. 그리고 천하를 건져 낼 지도자와 도인의 정체까지 밝혔습니다.

○ 후천 벽두에 1만2천의 도인이 출세한다. … 대문명이 열린 후에 참되고 올바른 세계 통일의 대교주가 출세하리라.(眞正 大教主出矣)

마지막으로 두 선인은, 죽어서 영화를 구하고 조상을 마귀라 부르는 서양의 가르침에 현혹되지 말 것을 당부하였습니다.

○ 세상에 어찌 하늘은 있는데 땅은 없고, 아버지만 있고 어머니가 없는 이치가 있겠는가! 서양 사람들은 **천부만 높이면서 땅의 어머니는 몰라보니 장래 인류가 모두 금**

수로 돌아갈 징조라. 이는 조상에게 제사도 지내주지 않으며 마귀라고 칭하는 지경에까지 이르렀으니 이들을 어찌 인간이라 할 수 있으리오.

2) 북창 정염이 전한 한민족의 운명

한민족의 미래사가 담긴 『궁을가月乙歌』

일명 용호대사龍虎大師로 불리는 정북창鄭北窓 선생(1506~1549)은 조선 중종, 명종 때의 학자로 충청도 온양 사람입니다. 소시에 산사山寺에서 선가禪家의 육통법을 시험해 보려고 3일 동안 정관定觀하더니, 이후로 배우지 않고도 저절로 통하여 천 리 밖의 일도 생각만 일으키면 훤히 알게 되었다고 합니다.

『궁을가月乙歌』는 북창 선생이 미래사의 전개과정을 가사 형식에 담아 후세에 전한 것입니다. 선생은 천지의 대변국기를 한민족의 국통에 빗대어 이렇게 전했습니다.

◎ 九變九覆 此時之禍 弓弓乙乙 龍華로다.
　　구 변 구 복　차 시 지 화　궁 궁 을 을　용 화

북창선생은 '구변구복'이라고 하여 한국의 역사가 9번 변하고 10번째 나라가 될 때, 미륵부처님의 용화세계, 즉 지상 천국이 열린다고 이야기하고 있는 것입니다. 한민족의 미래를 알 수 있게 하는 역사의 정통 맥은 본서 2장에서 구체적으로 밝힙니다.

조선강산에 오시는 인류 구원의 도통 군자

◎ 조선강산 명산이라, 도통군자 다시 난다.

　사명당四明堂이 갱생하니 승평시대昇平時代 불원이라

　창생도탄 없어진다. 포덕포화布德布化하는 때라 …

　대성지화大聖之化 돌아오니 궁을弓乙 노래 불러 보자.

북창 선생이 전한 미래 소식의 핵심은 놀랍게도 『신교총화』와 일치합니다. 즉, 조선이 후천개벽의 중심 땅이고, 조선에 도통군자가 출현하여 지상낙원을 건설한다는 것입니다. 그래서 선생은 부디 조선을 떠나지 말 것과, 길지吉地를 찾아다니지 말고 수행에 힘쓸 것을 당부하였습니다.

3)『춘산채지가春山採芝歌』가 전하는 구원 소식

『춘산채지가』는 조선말 전라 감사였던 이서구李書九 선생의 저작이라는 설이 있으나 확실치는 않습니다. 『춘산채지가』는 천상 선관仙官이 전해 준 인류구원의 소식을 가사로 받아 적은 것이라 합니다. 이 책은 우주의 변화원리, 미륵천주의 강림 소식, 후천 대개벽, 지상선경의 도래 소식을 상세히 전해 주고 있습니다.

유불선이 통일되는 우주 가을철(추분도수)의 무극운 시대

◎ 비운否運(괘상)이 태운泰運(괘상)되니 무극운無極運이 열렸구
나. … 여름도수 지나가고 추분도수 닥쳤으니 천지절후
개정改正할 때 (「칠월식과」)

위 구절은 천지의 계절이 가을로 바뀌는 것을 우주 원
리로 전하고 있습니다. 그리고 천지의 계절이 바뀔 때, 대
개벽을 이루시기 위해 미륵존불이 강림하실 것과 그분이
오시는 곳을 함께 전하고 있습니다.

◎ 지성발원至誠發願 다시 해서 구천九天에 호소하니 해원문
이 열렸구나. 모악산母嶽山 돌아들 때 성부 성자 성신 만
나 무량도無量道를 닦아내니 미륵전彌勒殿이 높았구나. (「남
조선 뱃노래」)

후천개벽과 지상선경 소식

『춘산채지가』는 미륵부처님이 열어주시는 지상선경의
모습을 이렇게 전하고 있습니다.

◎ 쇠병사장 없어지니 불로불사 선경仙境일세. (「칠월식과」)
◎ 백발노인 청춘되고 백발노구白髮老軀 소부少婦되어 흰 머리
가 검어지고 굽은 허리 곧아져서 환골탈태換骨奪胎 되었으
니 선풍도골仙風道骨 완연完然하다. (「남조선 뱃노래」)

자손줄이 떨어지면 조상신도 멸망이라

천지의 계절이 바뀌어 뿌리를 찾는 이때에, 부디 선령신을 잘 받들 것을 당부하고 있습니다.

◎ 미신타파 한다 하고 천지신명 무시하네.
저의 부모 몰랐으니 남의 부모 어이 알리.
저의 선령先靈 다 버리고 남의 조상 어이 알리. (「초당의 봄꿈」)

◎ 천상공덕天上功德 선령신先靈神들 자손찾아 내려올 제 …
백조일손百祖一孫 그 가운데 자손줄을 찾아가니
어떤 사람 이러하고 어떤 사람 저러한고.
자손줄이 떨어지면 선령신도 멸망이라.
희희낙락 기뻐할 제 한 모퉁이 통곡이라
뼈도 없고 살도 없다. 영혼인들 있을쏘냐.
선령신을 잊지 말고 부모공경 지극하라. (「달노래」)

만물이 열매를 맺는 가을 개벽기는 백 명의 조상 가운데 겨우 한 명의 자손이 살아남는 때이니, 조상신을 잘 섬기고 신명을 업신여기지 말 것을 강하게 경고하고 있는 것입니다.

천지질서가 바뀌니 비결을 믿지 마라

조상을 부정하는 서양의 가르침에 현혹되지 말 것과 각종 비결도 믿지 말 것을 당부하고 있습니다.

◎ 선천비결先天秘訣 믿지 마라.

　선천비결 믿다가는 귀지허사歸之虛事 되리로다.

　대성인大聖人의 행행行의이신가 천지도수 바뀌어서

　귀신도 난측難測커든 사람이야 뉘 알쏘냐. (『초당의 봄꿈』)

◎ 아무리 안다 해도 도인 외에 뉘 알쏘냐. 인의예지仁義禮智

　사단四端 중에 믿을 신 자信字가 으뜸이라. 믿을 신 자 없

　고 보면 매사불성每事不成 되느니라. (『춘산노인 이야기』)

　지상에 강림하시는 미륵부처님이 천지의 질서까지 완
전히 새로 개벽해 놓으셨기 때문에, 선천(현재 세상)비결에
의존하지 말라고 전하고 있습니다. 오직 미륵 천주님이
열어주신 판밖의 진리를 잘 믿고 실천하는 것이 이때에
살 길이라는 것입니다.

　이상에서 살펴본 바와 같이, 한민족 예지자들이 전한
예언의 특징은 서구 예지자들의 말씀 내용보다 인류의 미
래상에 대해 더욱 구체적이며 원리적이라는 사실을 알 수
있습니다. 이것은 우리 한민족이 신교문화의 종주로서 지
구상의 어느 민족보다도 영적으로 깨어 있고, 우주의 변
화 섭리를 체득하여 그것을 현실에 적용시키며 살아왔기
때문입니다.

6. 지성인들이 바라본 인류의 미래

1) 전 지구적 기후 변화의 원인과 밀란코비치 이론

지구 기후가 급변하고 있습니다. 온실가스로 인한 지구 온난화도 한 요인이지만, 기후 변화를 거시적인 차원에서 밝힌 이론이 있습니다. 기후학의 가장 큰 업적으로 평가받는 밀란코비치 이론입니다.

이 이론의 핵심은, 태양의 활동과 지축의 기울기, 공전 궤도의 변화에 따라 지구가 주기적으로 기후 변화를 반복한다는 것입니다. 이 이론에 따르면, 지축 이동 같은 자연 개벽이 주기적으로 있어왔다는 것을 알 수 있습니다. 밀란코비치 이론이 밝힌 주기는 약 10만 년인데, 이 주기는 남극의 얼음기둥(Ice core) 분석으로 사실임이 밝혀졌습니다. (다음 쪽 그래프 참고)

그런데 과학자들이 기후 변화와 자연개벽의 대략적 주기는 밝혔지만, 근본적으로 이런 변화가 왜 일어나는지는 밝히지 못했습니다. 이 주기에 관한 근본적 비밀은 본서 3장에서 밝혀집니다.

2) 문명의 대전환

멸종이냐 생존이냐

동서의 지성인들은 현재 인류의 문명이 질적으로 대전
환을 하는 때라고 지적합니다. 지속가능한 성장, 지속가
능한 사회가 세계적으로 화두가 된 지 오래입니다. 앞으
로도 지금과 같은 사회가 유지될 수 있을지 경각심을 가
지기 시작한 것입니다.

◎ 형성된 지 400년 된 현대문명의 패러다임은 이제 그 노선
   의 종착점에 다다랐다. 지구촌 관행의 급격한 재조직과

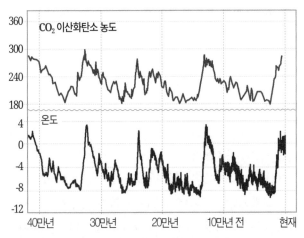

약 10만 년의 기후 변화 주기를 보여주는 그래프_1998년 남극
보스톡 기지에서 시추된 얼음기둥 분석결과

빠른 변화가 없다면 아마 십중팔구 인간은 우리보다 앞섰던 많은 종처럼 멸망할 것이다.(그렉 브레이든 외, 『월드쇼크 2012』, 290쪽)

우리는 인간이라는 종으로서 생존이냐 멸종이냐를 판가름하는 전환점에 와 있는 것입니다. 현재의 위기는 전지구적인 생존의 위기입니다.

◎ 현재의 위기는 개인이나 정부 혹은 사회제도만의 위기가 아닌, 지구 차원의 전이인 것이다. 우리는 '전환점turning point'에 도달하고 있다.(프리초프 카프라, 『새로운 과학과 문명의 전환』, 33쪽)

◎ 우리 시대는 세상이 존재해 온 이래 가장 급진적인 파괴와 재건의 시대다. 우리는 수백 년, 심지어 수천 년 동안 우리 것이었던 존재방식의 추모식장에 온 손님들이다.(『월드쇼크 2012』, 307쪽)

영성시대의 도래

우리가 전환점에 서 있다면 다가 올 시대는 어떤 세상일까요? 지성인들은 다가오는 시대를 영성의 시대라고 이야기합니다. 이미 선진국은 경영자의 가장 큰 자질로 영성을 꼽고 있습니다.

◎ 지구는 생명 주기를 거치면서 진화한다. … 물질적인 영

역에서 사회적이고 지적이며, 마지막으로 영적인 영역으로의 이동이라는 다소 정확한 방향이 존재한다.(『다가오는 미래』, 613-615쪽)

◎ 인류는 지구 종족으로 단합하게 되어 지구공동체의 모든 구성원에게 동일한 권리와 지위를 보장할 것이다. 새로운 존재의 차원을 발견하게 될 은하 문명 속으로 입장할 준비가 될 것이다.(『월드쇼크 2012』, 296쪽)

이제 인류는 과거의 투쟁을 멈추고 전 지구가 한가족으로 살아가는 공동체로 통일됩니다. 그리고 각자의 영성을 개발하여 영적으로 성숙한 인간으로 재탄생하게 됩니다.

20세기 최고 지성인인 역사학자 토인비는, 이 땅에 '신의 섭리'를 구현하는 것이 문명의 궁극 목표라고 했습니다.

◎ 제2대 문명의 쇠망의 고난의 경험을 통하여 고등종교가 출현하였다. 그 고등종교들은 그리스도교·이슬람교·힌두교·대승불교이다. 이 네 개의 고등종교가 낳은 제3대 문명들의 쇠망의 고난 속에서 보다 더 높은 차원의 정신적 창조를 토인비는 기대하고 있다. 그것은 인류가 숭배하는 '하나의 참 신神'의 종교이다. (아놀드 토인비, 『역사의 연구 1』 해제, 25쪽)

토인비는 기독교·불교·유교 등 고등종교를 뛰어넘는,

인류가 모두 받아들일 수 있는 '참 신神'을 믿는 세계종교가 탄생하여야 성숙한 인류 문명이 창조된다고 하였습니다.

이제 각 종교에서 후천개벽을 어떻게 예고했는지 알아보겠습니다.

7. 동서양 종교에서 전한 개벽

놀랍게도 수천 년 전부터 동서양의 주요 성자들과 위대한 예지자들은 가을 개벽기의 대변국 상황을 이구동성으로 지적하였습니다. 그리고 그들 나름대로 깨달음의 경계에서 인류에게 경고 메시지를 전하였습니다. 그 핵심 결론은 무엇일까요?

1) 불교에서 예고한 개벽과 미륵불 출세

기근겁, 질병겁, 전쟁과 천재지변이 일어난다

석가부처는 『월장경』에서 자신의 사후 2천 년간은 불법이 유지될 것이나, 인류사가 완전히 뒤바뀌는 최후의 말법시대에는 불법이 완전히 사라진다는 충격적인 고백을 했습니다.

석가부처는 또한, 말법시대에 전쟁과 천지일월의 대변국, 역병 발생, 환경 파괴, 인간의 도덕적 타락 등과 같은 온갖 대환란이 일어난다고 하였습니다.

◎ 나의 법에서 힘 싸움과 말다툼이 일어나 깨끗한 법은 없어지리라.

◎ 국내와 외국에서 전쟁이 일어나며 일월성신이 제자리를 찾지 못하고, 온 대지가 진동하고 … 온갖 역병이 창궐하며 … 모든 성벽이 부서지고 집이란 집은 다 무너져 버린다. (『월장경』)

지금(2014년)은 남방불기로 2559년이고, 북방불기로 3000년(1974년 갑인甲寅년)이 넘었습니다. 석가부처의 말씀대로라면 이 시대는 불교의 도통맥이 끊어지고 세계 구원의 가능성을 상실한 '말법시대'입니다.

석가부처는 말법시대에 자신의 법으로는 인류를 건지지 못한다고 선언하면서 수석 제자 가섭을 포함한 4대 제자에게 하늘을 가리키며, '그때 미륵님이 오신다. 너희들은 나의 법으로 만족하지 말고 그때를 기다리라'고 말하였습니다(『미륵하생경』). 석가의 이 선언이 바로, 인류의 동서 문명을 통일하는 새로운 법, 궁극의 새 진리를 내려주시는 도솔천 천주님인 미륵불의 강세 소식입니다.

말법시대에 성숙의 새 진리를 내려주시는 미륵불 출세

석가부처는 우주 별자리가 바뀌는 말법시대에 세상을 구원할 미륵불이 출세하게 될 것이라 하였습니다.

◎ 저 때에 미륵존불이 도솔천에서 … 문득 성령으로 강림
하시어 탁태托胎하여 달이 찬 뒤에 탄생하시느니라. (『미륵
하생경』)

또 『화엄경』 「입법계품 제28」에는 영원한 구도자 선재
善財가 덕생德生 동자와 유덕有德 동자를 만나는 장면이 나
오는데, 선재는 이들에게 구도의 길을 걷는 데 필요한 소
식을 전해 달라고 간구합니다.

◎ 저 '바다 건너' 에 비로자나 장엄장이 있는데 미륵보살
마하살이 그 안에 계시니, 본래 태어난 곳의 부모와 친척
과 여러 사람들을 거두어서 **성숙케 하려는** 것이며, 또 모
든 중생들로 하여금 지금 있는 것에서 본래의 선근을 따
라서 모두 성숙케 하려는 것이며, 또 그대에게 보살의 해
탈문을 나타내 보이시려는 것이며 …. (『화엄경』)

『화엄경』과 『미륵경』에 나오는 말씀을 종합해 볼 때,
말법시대에는 인류 구원의 주인이신 미륵불이 출세하신
다는 것을 알 수 있습니다. 미륵부처님이 강림하시는 목
적은, 우주의 계절이 바뀌는 이때에 자연개벽, 문명개벽,
인간개벽을 총체적으로 이루어 전 인류를 성숙케 하는 보
편적 구원을 이루시는 것입니다.

불교계에서는 57억 6백만 년 후에 미륵불이 강세한다
고 가르칩니다. 그러나 미륵 연구의 대가 이종익 박사는

57억 6백만 년 설이나, 8만세 설이나 모두 고대 인도 바라
문교의 가르침을 불전에서 응용한 것이고, 현실적 시간관
념과는 맞지 않는, 후세에 조작한 것으로 석가불의 가르
침이 아니라 하였습니다.

도솔천의 천주(하느님), 미륵불

'미륵彌勒'의 어원은 '마이트레야Maitreya'이며, 팔리pāli어
로는 '메테야Metteyya'입니다. 마이트레야는 본래 '미트라
Mitra'라는 신에서 유래하였습니다. 미트라는 고대 북인도·
페르시아 등지에서 섬기던 태양신인데 '메시아'라는 말의
기원이기도 합니다. 메테야는 인도에서 미래의 구원불을
부르던 칭호인데, 이것을 중국에서 번역할 때 '가득 충만
하다'는 뜻인 '미彌' 자와 '새롭게 진리의 테두리를 짜서 씌
운다'는 뜻인 '굴레 륵勒' 자로 기록한 것입니다. '미륵'은
우주의 중심 하늘[中天]인 도솔천 천주님의 호칭으로 여름

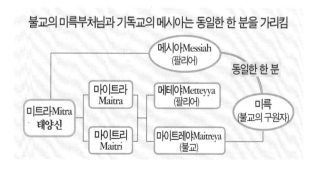

불교의 미륵부처님과 기독교의 메시아는 동일한 한 분을 가리킴

- 미트라Mitra 태양신
  - 마이트라 Maitra
    - 메시아Messiah (팔리어) → 동일한 한 분
    - 메테야Metteyya (팔리어)
      - 미륵 (불교의 구원자)
  - 마이트리 Maitri
    - 마이트레야Maitreya (불교)

철 분열과 대립의 극기에 강세하시어 인류 구원의 참된 길
을 열어 동서양 문화를 통일한다는 것을 암시합니다.

◎ 이 하늘의 주님은 '미륵'이라 부르니 네가 마땅히 귀의
할지니라. (『미륵상생경』)

미륵부처님이 건설하는 지상낙원의 조화 세계

◎ 미륵부처님이 여시는 세상은 지상 조화선경 낙원으로 모
든 인류가 꿈꾸는 무병장수의 세상입니다.
그때에는 기후가 고르고 사시四時가 조화되며, 사람의 몸
에는 여러 가지 병환이 없으며, 욕심·성냄·어리석음이
없어지고 사나운 마음이 없으며, 인심이 골라서 다 한 뜻
과 같으며, 서로 보면 기뻐하고 즐거워하며 …
그때에는 이 세상의 인민이 다 고루 잘 살아서 차별이 없
으며 … 또 저 때에 사람의 수명이 극히 길고 모든 병환
이 없어서 … 여자는 500세가 된 연후에 시집을 가느니
라. (『미륵하생경』)

500세 이후에 결혼을 하니, 지금으로서는 상상하기 힘
든 장수 시대가 열립니다. 미륵불이 여시는 이 새로운 세
계를 용화낙원龍華樂園이라 합니다.

이상에서 살펴본 불교의 개벽관을 정리하면, 말법시대
에는 석가부처의 가르침이 사라지고, 대환란이 오는데,
그때에 도솔천 천주님인 미륵부처님이 오셔서 자연개벽·

문명개벽·인간개벽을 이루시어 이 세상을 용화낙원으로 만드신다는 것입니다.

2) 새 하늘 새 땅을 여시는 백보좌 하느님

기독교에서도 불원간 인류의 미래에 닥칠 개벽 소식을 전했습니다. 기독교 복음은 "회개하라, 천국이 가까웠느니라"(『마태복음』 3:2)라는 말로 시작하여, 백보좌 하느님이 여시는 '새 하늘 새 땅', 즉 '하느님의 왕국', 천국 소식으로 끝매듭을 짓습니다.

새 하늘 새 땅에 열리는 하느님의 왕국

"천국이 가까웠느니라The Kingdom of God is at hand." 하느님이 열어 주시는 지상천국이 손에 닿을 정도로 가까이 왔다는 것입니다. 이 지상천국이 곧 열린다는 소식을 전한 사람이 있습니다.

12사도의 한 사람인 요한은 천상의 백보좌에 계신 아버지 하느님 앞에서, 천지 질서가 새롭게 바뀌어 지상천국이 열리는 가을 개벽기의 영상을 보고 그대로 기록으로 남겼습니다.

◎ 내가 새 하늘(a new heaven)과 새 땅(a new earth)을 보니 처음 하늘(the first heaven)과 처음 땅(the first earth)은 사라

지고 바다도 더 이상 있지 않더라. (『요한계시록』 21:1)

기독교가 전하는 가장 큰 축복의 메시지는, 이 지상에 천상의 하느님이 오셔서 천국(the kingdom of God: 하느님의 왕국)을 직접 건설하시고 인류와 함께 성령으로 사실 것이라는 내용입니다.

- 그때 세상은 진리로 인도되고 사람은 진리 그 자체가 되리라. (『요한계시록』 35:2)
- 그때에 소경은 눈을 뜨고, 귀머거리는 귀가 열리리라. 그때에 절름발이는 사슴처럼 기뻐 뛰며 벙어리는 혀가 풀려 노래하리라. 사막에 샘이 터지고 황무지에 냇물이 흐르리라. (『이사야』 36:5~6)

인류 최후의 전쟁과 대병겁 상황

그런데 하느님의 천국이 열릴 때는 인류가 한 번도 경험하지 못한, 천지인 삼계三界의 대변혁이 일어납니다. 기독교는 현세의 마지막 시대가 종결되는 처참한 모습을 '대전쟁 - 대전염병 - 천지와 일월성신의 대변국'으로 경고하고 있습니다.

- 그때의 재난은 도저히 말로 다할 수 없도다. 이런 일은 하느님이 세상에 인간을 보낸 후로 아직 없었으므로 …. (『보병궁복음서』 157:19)

그리고 결정적인 대격변이 있기 전에 "두 가지 대재난이 일어날 것"이라 전하였습니다. 바로 '지구상의 최후 전쟁과 대병겁'입니다.

- 사람들이 그 죄를 벌 받으면 재난의 날은 끝나리라. 전 세계가 검투장의 검사와 같이 일어서고, 오직 피를 흘리기 위해서 싸우리라. (『보병궁복음서』 157:21)[1]
- 공기 그 자체가 죽음의 연기로 충만하고, 전염병은 곧 칼(전쟁)을 뒤따르리라. (『보병궁복음서』 157:23)

「요한계시록」에서는 이 최후의 전쟁을, "하느님의 위대한 날을 위한 전쟁"으로 말하고 있습니다. 전쟁으로 종말을 맺는 파국이 아니라, 이 전쟁을 통해 하느님의 지상천국이 새로 열리기 때문에 '위대한 날을 위한 전쟁'이라 한 것입니다. 본서 4장에서 그 비밀이 밝혀집니다.

인류를 심판하고 구원하시는 아버지 하느님

『성서』에서 전하는 백보좌 하느님의 심판은 우주의 창조 사상과 인류 구원의 핵심이 함축된 기독교 구원론의 총결론입니다.

---

1) 20세기 초에 미국의 리바이 도우링 목사가 천상의 아카샤Akasha 기록에 접속하여 우주심宇宙心에 의해 전달되는 내용을 적은 성서. 예수의 12세에서 30세까지의 생애가 기록되어 있고, 앞으로 오는 개벽과 하느님 아버지 강세, 개벽 실제상황에 대한 중요한 진리 소식이 들어 있다.

◎ 또 내가 큰 백보좌와 그 위에 앉으신 분을 보니, 그의 면전에서 땅과 하늘이 사라졌고 그들의 설 자리도 보이지 않더라. (「요한계시록」 20:11)

백색은 동양 우주론의 오행 원리에서 가을의 결실 기운인 금金을 상징합니다. '백보좌'란 가을 개벽기에 천지의 완전한 구원(full salvation)을 이루어 주시는 하느님의 조화 기운을 상징하는 말로서, '백보좌의 신'은 하늘과 땅을 다스리시며 인간 씨종자를 추리시는 절대자 하느님이십니다. 곧 예수가 피 흘리며 증언한, 예수를 내려 보내신 아버지 하느님입니다.

예수는 스스로 '하느님의 아들', '사람의 아들(人子)'이라 하였을 뿐 자신이 하느님이라고 말하지 않았습니다. 그런 구절은 『성서』에 단 한 곳도 없습니다.

◎ 내가 아버지로부터 나와 세상에 왔고 다시 세상을 떠나 아버지께로 가노라. (「요한복음」 16:28)
◎ 하늘에 계신 우리 아버지여, 아버지의 이름이 거룩히 여겨지게 하옵시며 아버지의 왕국이 임하옵시며 아버지의 뜻이 하늘에서 이루어진 것 같이 땅에서도 이루어지이다. (「마태복음」 6:9)

예수가 선언한 하느님의 왕국은 장차 인간 세상에 오시는 백보좌의 아버지 하느님이 직접 건설하시는 지상천국

세상을 말하는 것입니다.

그런데 천국이 열릴 때는 열매와 쭉정이를 판가름하는 심판이 따릅니다. 『우리는 종말의 시간대에 살고 있는가?Are We Living in the End Times?』라는 책은 미국에서 1천만 부 이상 팔린 베스트셀러입니다. 이 책의 저자들(Tim F. Lahaye & Jerry B. Jenkins)은, 백보좌 하느님의 생명책(살 사람과 죽을 사람의 명단이 적힌 책) 심판이 기독교 성서에서 가장 큰 두려움을 느끼게 하는 내용이라고 고백하기도 하였습니다.

성서에는 이 환란에서 백보좌 하느님을 대신하여 인류를 구원하는 구원의 사도에 대한 소식도 전하고 있습니다.

◎ 천사가 살아 계신 '하느님의 인印'을 가지고 '해 돋는 동방으로부터(from the East)' 올라와서 … 우리가 하느님의 종들의 '이마에 인印치기까지' 땅이나 바다나 나무나 해하지 말라 하더라. 내가 인 맞은 자의 수를 들으니 이스라엘 자손의 각 지파 중에서 인 맞은 자들이 14만 4천이니…. (「요한계시록」 7:1~4)

여기서 기독교 인류 구원의 최종 메시지 중 중대한 한 가지 비밀을 상기하고자 합니다. 장차 개벽의 초비상 시국에서 인류를 건져내는 사역자들은, 동방 땅에서 오시는 아버지의 일꾼들로서 출세를 한다는 것입니다. 본서의 내용을 끝까지 정독해 나가면, 그 해답을 발견하게 될 것입니다.

3) 도교道敎에서 전한 천지의 대변국과 주재자

도교의 경전 중에서『황제음부경』은 다가올 우주와 인간 세계의 대변국을 간결하게 전하고 있습니다.

◎ 천발살기天發殺機하면 이성역수移星易宿하고
  지발살기地發殺機하면 용사기륙龍蛇起陸하고
  인발살기人發殺機하면 천지반복天地反覆이라
  하늘에서 살기를 발하면 별들이 움직이고,
  땅에서 살기를 발하면 뱀과 용이 땅으로 올라오고,
  사람이 살기를 발하면 하늘과 땅이 뒤집어진다.

  (『황제음부경』「상편」)

도교에서는 인간 정신이 분열의 극에 이르러 진리를 찾지 못하고 방황하고 진리에 갈급증을 느끼는 시대가 오면, 천지가 송두리째 새 질서로 들어가며 뒤집어진다고 경고하고 있습니다.

그리고 천지질서를 뒤바꾸는 우주의 통치자를 아래와 같이 전하고 있습니다.

◎ 천지 사이에 36천이 있고, 그 가운데 36궁이 있으며 각하늘의 궁전마다 주인이 있다. 이 모든 하늘의 최고의 주

재자는 무극지존이다. 又二儀之間, 有三十六天, 中有三十六宮, 宮有一主, 最高者, 無極至尊. (『위서魏書』「석로지釋老志」)

천상의 36천 각 하늘의 천주를 거느려 온, 무궁한 조화로 대우주를 통치하시는 지존하신 하느님이 바로 무극지존입니다. 그분을 도교에서는 상제, 옥황상제라고 불렀습니다. 당나라 8대 신선 중 한 분인 여동빈은 이 우주의 하느님을 이렇게 다시 정의하였습니다.

○ 옥황상제가 사는 곳이 삼천대천 세계의 천종天宗이니 영원히 물러서는 법이 없고, 견줄 것이 없을 정도로 지극히 높다. 그러므로 대라大羅라 한다. (여동빈)

도교에서는 우주에서 가장 존엄한 분을 무극지존 또는 옥황상제라 부르는데, 그분이 전 우주의 질서까지도 다스린다는 것입니다.

4) 유교儒敎에서 전한, 천지의 꿈을 이루는 분

『주역』은 일찍이 중국 학자들이 이구동성으로 말했듯이 동이족 성자들의 지혜로 완성된 책입니다. 『주역』은, 『천부경天符經』을 계승한 태호복희의 하도河圖와 하우夏禹씨의 낙서洛書를 바탕으로 복희팔괘와 문왕팔괘 등을 거쳐 정립되었고, 조선말 김일부 대성사가 정역팔괘로 완성하였습니다.

유가는 온 우주의 통치자이신 상제님이 장차 동방 땅에 오셔서 자연과 인류 구원의 꿈을 이루어 주실 것을 자연의 이치로 전하고 있습니다.

帝出乎震
(『주역』「설괘전」)

> 제帝 - 동방에서 모셔온 우주의 통치자 하느님을 뜻함. 본래 '하느님 제'자였으나, 후에 '임금 제'로 뜻이 확대되었다.

선천시대의 변화를 나타내는 문왕팔괘의 결론은 하느님이 동방 땅[震]에 출세하신다는 것입니다. 가을의 변화 이치를 나타내는 정역 팔괘의 결론도, 간艮방에서 선천문명이 끝나고 후천문명이 시작된다[終於艮始於艮]는 것입니다.

成言乎艮 (『주역』「설괘전」)

간艮방에서 천지 변화의 이법이 완성됩니다. 성언成言, 이룰 성成 자에 말씀 언言 자, 하느님의 말씀, 천지의 뜻이 간방에서 완성된다는 것입니다. 이처럼 동북 간방에서 우주의 새 역사 시대가 열린다는 것이 바로 유교가 전한 천지 개벽 소식의 최종 결론입니다.

제2장

인류 근대사의 출발점,
가을 천지개벽 선언

1. 조선 땅에 울려 퍼진 가을개벽 소식

　지금까지 우리는 동서양 종교와 동서고금의 여러 영능력자를 통해서 다가오는 우주의 개벽 문제에 얽힌 수수께끼를 풀어 보았습니다. 그들이 전한 미래 소식은 모두 '후천 대개벽의 환란과 새 시대의 도래, 그리고 절대자(상제님, 미륵부처님, 하느님)의 강세에 의한 세계 구원'에 집중되어 있습니다. 이 중에서도 가장 중요한 것은 생명의 구원과 직결된 절대자의 지상 강세 소식입니다.

　19세기에 들어와서, 후천개벽과 지상선경의 도래 소식을 훤히 꿰뚫고 상제님의 강세 소식을 동서양의 어느 성자나 예지자보다 소상히 전한 분들이 우리나라에 출현했습니다. 바로 '김일부金一夫 대성사'와 '최수운崔水雲 대신사'입니다. 김일부 대성사는 『정역正易』을 저술하여 상제님의 강세를 동양의 상수원리象數原理로 밝히고 후천개벽의 역철학적 비밀을 밝혔습니다. 그리고 최수운 대신사는 상제님께 직접 도통을 받고 동학東學을 창도하여 동방의 조선 땅에 상제님의 강세를 선포하였습니다. 지난날의 역철학

易哲學과 종교는 이 두 분에 의해 그 방향이 완전히 새로운 차원으로 제시된 것입니다.

그리고 이 두 분의 예고대로, 세계를 구원하여 인류 문명사에 새 시대를 여는 새로운 차원의 초종교, 참동학인 '증산도甑山道'가 19세기 말에 이 땅에 출현하였습니다.

1) 김일부金一夫 대성사가 전한 대개벽 소식

『정역正易』의 핵심 내용

충남 논산군 양촌면에서 탄생한 일부 김항金恒 대성사 (1826~1898)는 18년간 각고의 노력을 기울인 끝에 우주 대개벽의 신비를 『정역正易』으로 체계화하였습니다.

이 정역의 핵심 내용은 '구원의 절대자이신 상제님께서 후천 가을개벽 정역 시간대의 기운을 타고 조선 땅에 강림하신다'는 것입니다.

새 생명의 개벽 세계여, 상제님이 친히 강세하시도다

◎ 誰遣龍華歲月今고! (『정역』, 「십일귀체시十一歸體詩」)
　수 견 용 화 세 월 금
그 누가 용화낙원 세월을 이제야 보냈는가!

용화낙원 세월이란 미륵불께서 가을개벽으로 열어 주시는 인류의 새 문명 시대를 말합니다. 이제 비로소 새 하늘 새 땅을 맞이할 대운이 닥쳤다는 의미입니다. 세상 사람들이 새 세상이 속히 오기를 아무리 간절히 바란다 해도, 신천신지新天新地의 용화낙원은 하늘에서 정한 그때가 되어야 이루어지는 것입니다.

◎ 靜觀宇宙無中碧하니 誰識天工待人成가
  정 관 우 주 무 중 벽   수 식 천 공 대 인 성
  우주의 조화세계를 고요히 바라보니, 천지의 공덕이 사
  람으로 오시는 상제님을 기다려 성사되는 줄을 그 누가
  알리오! (『정역』「포도시布圖詩」)

김일부 대성사는 용화낙원을 건설하시는 미륵불이 바로 우주의 통치자 상제님이시며, 천지의 뜻이 인간으로 오시는 상제님에 의해 실현된다는 구원 섭리를 전하고 있습니다.

다음의 시에서 상제님께서 열어 주시는 지상선경 세계가 그림처럼 떠오르는데, 청명한 새 천지에서 새 생명 기운을 던져 주는 천지일월의 은혜를 느낄 수 있습니다.

◎ 天地淸明兮여 日月光華로다.
  천 지 청 명 혜   일 월 광 화
  日月光華兮여 琉璃世界로다.
  일 월 광 화 혜   유 리 세 계
  世界世界兮여 上帝照臨이로다. (『정역』「십일음十一吟」)
  세 계 세 계 혜   상 제 조 림
  천지의 맑고 밝음이여, 일월의 새 생명 빛나도다!
  일월의 새 생명 빛남이여, 낙원세계 되는구나!

개벽 세계여, 개벽 세계여!

상제님께서 성령의 빛을 뿌리며 친히 강세하시도다!

『정역』은 '천지 개벽기에 상제님이 지상에 친히 강림하신다'는 구원 소식을 전한 것입니다.

계절의 변화가 없어지고, 1년 360일이 된다

인류가 처음 태어난 봄철의 생역生曆은 1년의 날 수가 366으로 요임금이 처음 밝혀냈습니다. 인류가 태어나 성장하는 여름철의 장역長曆은 365와 1/4인데 이를 밝혀낸 이는 순임금이었습니다. 앞으로 인류가 맞이하는 극이동의 실체인 가을철 자연개벽에 대해, 공자는 장차 1년의 날 수가 360(當朞之日, 三百六十.『주역』「계사전」)이 된다고 하였습니다.

이러한 자연개벽의 역수가 변하는 근원을 밝혀낸 이가 바로 정역을 완성한 김일부 대성사입니다. 대성사는 우주 겨울철의 원역原曆 시공간 도수는 375도인데, 지축이 바로 서면서 이 15도수가 사라져 1년이 360일이 된다고 하였습니다. 즉, 우주의 봄·여름·가을·겨울을 만드는 천지일월의 자연개벽의 동력원은 15수인 것입니다.(15는 음양 변화의 중심을 담은 하도와 낙서의 중심 수인 10토土와 5토土의 합)

◎ 當朞三百六十日이니라. (『정역』「금화오송金火五頌」)
　　당 기 삼 백 육 십 일

다가올 일 년의 날수는 360일이니라.

정역이 전하는 개벽 소식의 핵심은 지구 자전축의 정립과 공전궤도의 변화입니다. 서양의 숱한 예지자들이나 동서 종교의 성자들이 전한 끔찍한 천재지변과 대환란은 모두 지구 자전축이 변동할 때 일어나는 지각변동을 말한 것입니다.

지축 정립에 따라 지구의 공전궤도는 타원에서 정원으로 바뀌고 지구에는 엄청난 변혁이 일어납니다. 일 년의 날 수가 365일에서 360일로 바뀌고, 춘하추동의 계절 구분도 사라지게 됩니다. 또한, 천지의 음양기운이 고르게 되어 음력과 양력의 날짜가 일치하게 됩니다. 현재의 달력은 모두 폐기되고 새로운 달력을 사용하게 됩니다.

하나로 통일되는 지구촌 동서 종교

◎ 道乃分三理自然이니 斯儒斯佛又斯仙이니라.
  도 내 분 삼 리 자 연   사 유 사 불 우 사 선
  도가 세 가지 이치로 갈라짐은 저절로 그러한 것이니, 곧
  유교, 불교, 선교이니라. (『정역』「무위시无位詩」)

일부 대성사는 지금까지 인류 역사를 이끌어 온 유교·불교·선교(기독교는 서양의 선교)가 하나의 뿌리인 도道에서 나왔음을 밝히고 있습니다. 이제 만물의 생명이 새로워지는 새 세계를 맞아, 유교·불교·선교·기독교는 모두 본래

의 진리 자리인 도道로 통일됩니다.

이처럼 정역은 후천 가을개벽의 이치를 밝힌 천리天理의 해설서입니다. 그러나 우주의 개벽원리를 상수철학으로 소상히 밝혔을 뿐, 인류 역사의 구체적인 전환 과정에 대해서는 언급하지 못하였습니다. 가장 중요한 인류의 구원은 역학 분야에서 밝힐 문제가 아니라, 우주를 주재하시는 상제님께서 지상에 강림하셔서 대도 차원에서 현실 인사 문제로 직접 집행하시는 것입니다.

2) 상제님 강세를 선포한 최수운 대신사

너는 상제를 모르느냐!

조선말 우리나라가 서구 열강의 침략으로 고통 받고 있을 때, 하느님의 천명을 받고 이 민족에게 새 세계의 복음을 전한 분이 있습니다. 바로 동학의 교조이신 수운 최제우(1824~1864) 대신사大神師입니다.

최수운 대신사는 37세 되던 경신(1860)년 4월 5일, 우주의 최고 절대권자인 상제님으로부터 천명을 받는 천상 문답을 체험했습니다. 49일간의 혈성어린 구도가 끝나던 날, 최수운 대신사는 상제님(천주님)의 음성을 듣는 신비한 체험을 합니다.

◎ 勿懼勿恐하라.
　물 구 물 공

世人이 謂我上帝어늘 汝不知 上帝耶아
세 인　　위 아 상 제　　　여 부 지　상 제 야

두려워 말라. 겁내지 말라. 세상 사람들이 나를 상제라고
이르나니, 너는 상제를 알지 못하느냐!

(『동경대전』「포덕문」)

◎ 주문을 받으라. 대도를 펴라. (『동경대전』「논학문」)

　상제님은, '도를 닦는 자로서 어찌 상제를 모르느냐'고
대신사를 크게 꾸짖으시며 당신님의 신원을 밝혀 주고 계
십니다. 이것은 전 인류가 생명과 도의 뿌리인 상제님을
잊어버린 것을 준엄하게 꾸짖으신 것입니다.

　이후 상제님은 대신사에게 "너는 나의 아들이니 나를
'아버지'로 부르라"(汝則吾子, 呼我謂父也.『도원기서道源記書』)고
말씀하십니다. 예수가 『신약』에서 항상 '아버지Father'를
찾은 것처럼, 온 인류가 간절하게 찾았던 하느님 아버지
가 바로 당신임을 밝혀 주신 것입니다.

무극대도 출현 선포

　최수운 대신사는 상제님으로부터 도를 받고 가을개벽
으로 장차 아버지의 무극대도가 출현한다는 소식을 선포
하였습니다.

◎ 어화 세상 사람들아 무극지운無極之運 닥친 줄을 너희 어

찌 알까보냐. (『용담유사』 「용담가」)

◎ 무극대도無極大道 닦아내니 오만년지 운수로다.

　　(『용담유사』 「용담가」)

◎ 만고 없는 무극대도 이 세상에 날 것이니 … 이 세상 무
　　극대도 전지무궁 아닐런가. (『용담유사』 「몽중노소문답가」)

　무극대도란 동서 문명과 종교를 통일하여, 지상에 영원한 평화를 뿌리내리게 하는 '새로운 개벽 진리'를 말하는 것입니다. 이 개벽 선언이야말로, 이전의 성자 시대와 본질적으로 다른, 아버지 하느님이 친히 여시는 지상낙원이 곧 닥칠 것을 알린 진정한 근대사의 출발인 것입니다.

하느님 아버지 문화 시대 선언

　최수운 대신사는 이 무극대도를 펴시는 하느님[天主]이 친히 이 동방의 강토에 강세하신다는 시천주侍天主 신앙 시대, 즉 아버지[聖父] 하느님 문화 시대를 선포하였습니다.

◎ 호천금궐 상제님을 네가 어찌 알까보냐.

　　(『용담유사』 「안심가」)

◎ 나는 도시 믿지 말고 하늘님만 믿었어라. 나 역시 바라기
　　는 하늘님만 전혀 믿고. (『용담유사』 「교훈가」)

　대신사는 자신을 믿지 말고 장차 "인간으로 강세하실 하느님을 신앙하라"라고 당부하였습니다.

◎ 侍天主造化定 永世不忘萬事知 至氣今至願爲大降
　　시 천 주 조 화 정　영 세 불 망 만 사 지　지 기 금 지 원 위 대 강

　우주의 가을개벽 시대가 되면, 우주의 최고 통치자이신 상제님이 친히 강세하여 구원의 도道를 열어 주십니다. '가을은 인간이 주체가 되어 인간의 문제를 해결하는 인존 시대'로서, 당신님의 무극대도로써만 인류가 후천 지상낙원을 건설할 수 있기 때문입니다.

동학이 전한 개벽 소식, 3년 괴질 대병겁

　최수운 대신사는 불원간에 인류가 맞이할 개벽기의 최종 심판으로 세계적인 3년 대병겁을 예고하였습니다.

◎ 십이제국 괴질운수 다시 개벽 아닐런가.

　(『용담유사』「몽중노소문답가」)

◎ 그말 저말 다 던지고 하늘님만 공경하면 아동방 3년 괴질 죽을 염려 있을쏘냐. (『용담유사』「권학가」)

　대신사는 이때 제 뿌리를 부정하는 인간은 모두 살아남지 못할 것이라 경고하였습니다.

◎ 우습다, 저 사람은 저의 부모 죽은 후에 신神도 없다 이름하고 제사조차 안 지내고 오륜五倫에 벗어나서 유원속사唯願俗事 무삼 일고. 부모 없는 혼령혼백魂靈魂魄 저는 어찌 유독 있어 상천上天하고 무엇할꼬 어린 소리 말았어라. (『용담유사』「권학가」)

대신사는 '상제님의 지상 강세' 소식을 알리고 상제님이 펼치시는 '인류 구원의 무극대도'를 선포하고, 미래의 인류가 '상제님을 모시고(侍天主)' 성숙한 인간으로 지상 선경에서 영원한 행복을 누리며 살아가게 된다는 복음을 선언하였습니다. 이것이 바로 동학이 19세기 말 한민족과 인류에게 던진 위대한 구원의 메시지입니다.

2. 잃어버린 한국사의 9천년 국통맥

1) 뿌리 깊은 한국사

동학, 9천년 역사를 깨우다

개벽사상은 19세기 조선이 낳은 가장 위대한 사상입니다. 개벽은 자연개벽, 즉 자연환경의 대변화 뿐 아니라 성숙한 인간으로 거듭나는 인간개벽, 그리고 인류 문명의 질적 대비약을 의미하는 문명개벽을 모두 포괄하는 개념입니다. 19세기 중반 최수운이 선포한 동학의 핵심 메시지는 이 개벽사상에 있습니다.

『아시아 이상주의Asian Millenarianism』[1]의 저자인 이홍범 박사에 따르면, 동경대와 미국의 명문대학에서도 동아시아의 근대사와 한국의 근현대사를 올바로 이해하려면 반드시 동학혁명을 알아야 한다는 점을 강조한다고 합니다.

---

1) 이 책은 바그너Rudolf G. Wagner 같은 미국의 저명한 학자들의 부탁에 의해 저술되었다. 미국의 학자들은 새 세상이 열린다는 동학의 개벽 메시지를 알고 싶었지만, 동북아 3국의 문헌을 두루 읽을 수 있는 능력이 없었다. 마침 이홍범 박사가 그럴 능력이 있었으므로, 반드시 동학을 연구해야 한다고 부탁했다고 한다. 『아시아 이상주의』는 미국 아이비리그의 명문대에서 동양사 교재로 채택될 만큼 명저로 꼽힌다. 이 책은 미국의 상류 지식인 계층에도 적잖은 영향을 주었다.

또한, 이홍범 박사는 한국 고대사가 '이상주의'에 바탕을 두고 있다고 보고, 한국 고대사를 모르면 동학에서 선포된 근대사의 출발의 의미도 알 수 없다고 역설합니다.

그런데 한민족의 고대사도, 근대사도 왜곡되어 이 땅에서 선포된 진정한 인류의 새 역사 선언인 개벽을 아는 사람이 거의 없습니다. 일본이 심어놓은 식민지 유산을 청산하지 못하고, 일본이 왜곡한 잘못된 식민 역사의 굴레에서 벗어나지 못했기 때문입니다. 개벽의 참뜻이 무엇인지, 개벽이 왜 이 땅에서 선포되었는지 알려면, 한민족의 뿌리 역사를 알아야 합니다. 뿌리 문화를 알아야만 동학에서 선포한 '다시 개벽'과 '시천주侍天主'의 참뜻을 알 수 있기

오바마 대통령은 이홍범 박사의 책을 읽고서 고대 한국이 황하문명권을 직접 통치했다는 사실을 알고 큰 충격을 받았다. 이후 한국과 대중국관이 바로 서서 한국의 역사와 문화를 존경하게 되었고, 한국 문화와 교육을 배워야 한다고 강조하고 있다. 이홍범 박사는 현재 한국인으로는 유일한 미국의 명예장관(국정자문위원, kitchen cabinet)이다.

때문입니다.

문명개벽과 인간개벽 차원에서 개벽의 핵심 주제는 '뿌리를 찾아야 한다'는 것입니다. 이제 그 뿌리가 어디인지 인류 시원 문명개벽의 비밀을 밝혀보도록 하겠습니다.

한민족과 인류 문명의 뿌리 – 환국桓國

한민족과 인류사의 뿌리를 밝혀주는 역사서 『환단고기桓檀古記』에 따르면, 지금으로부터 약 9,200년 전에 중앙아시아 천산天山(일명 파내류산)을 중심으로 사람들의 추대를 받은 통치자가 덕으로 백성을 다스리는 문명 집단이 형성되었습니다. 『환단고기』「삼성기三聖紀」 상上에서는 그 나라를 환족桓族이 세운 인류 최초의 국가 '환국桓國'이라 전합니다.

◎ 오환건국吾桓建國이 최고最古라.

　(우리 환족이 세운 나라가 가장 오래되었다.)(『환단고기』「삼성기」 상)

◎ 석유환국昔有桓國.

　(옛적에 환국이 있었다.)(『환단고기』「삼성기」 하)

환국 12국	비리국卑離國	양운국養雲國	구막한국寇莫汗國
	구다천국勾茶川國	일군국一羣國	우루국虞婁國
	객현한국客賢汗國	구모액국勾牟額國	매구여국賣勾餘國
	사납아국斯納阿國	선패국鮮稗國	수밀이국須密爾國

천산天山을 중심으로 한 환국은 그 영토가 동서 2만여 리, 남북 5만 리에 달하였다고 합니다. 이는 중앙아시아에서 시베리아, 만주에 이르는 방대한 영역입니다.

환국의 통치자를 환인桓仁이라 하였는데 초대 환인은 안파견安巴堅이었습니다. 안함로의 『삼성기』 상은 '안파견환인 이후 환국이 7세 환인까지 계승되었으며 햇수로는 총 3,301년(BCE 7197~BCE 3897)이었다'라고 하였습니다. 환국은 모두 아홉 족속[九桓]으로 이루어졌고, 이 9환족은 열두 나라를 이루고 살았습니다.

환국의 역사를 밝힌 『환단고기』는, '하늘의 광명(환桓)과 땅의 광명(단壇)을 체험하고 살았던 역사 이야기'라는 뜻입니다. 환국 시절은 인류가 모두 광명을 체험하고 자연과 하나 되어 살며 장수를 누렸던 황금시대였습니다. 환국의 황금시대와 장수 문화는 『장자』「마제」, 『황제내경』, 인도 신화, 성서의 에덴동산 이야기 등에 그 흔적이 남아 있습니다.

한민족사 최대의 왜곡, 석유환인

한민족의 정통 역사는 9천여 년 전 광명의 나라 환국桓國에서 시작하였습니다. 그리고 환국은 신시(배달), (옛)조선으로 이어집니다. 『삼국유사』에는 이러한 사실을 알려 주는 아주 짤막한 기록이 남아 있습니다.

환국 영역과 12분국

시베리

샤 안 산 맥

알 타 이 산 맥

시

환

▲금악산金岳山

우루국

매구여국
(직구다국)

천 산 산 맥

▲천산天山

수밀이국

고 비 사

▲삼위산三危山

파미르고원

타클라마칸 사막
(타림분지)

기 련 산 맥

곤 륜 산 맥

티 베 트 고 원

월지국

양운국

개마국
(웅심국)

구막한국

매구여국
(직구다국)

일군국

비리국

천국에 패해 이주

케를렌강

구다천국
(독로국)

국

대흥안령산맥

풍룡강(흑수)

아루리강

시라무렌강

송화강

하얼빈

송화강

홍산

대릉하

그려하

백산(백두산)

영정하

난하

심양

압록강

북경

발해

동해

태산泰山

황하

도스

서안

◎ 고기古記에 운云 석昔에 유환국有桓國하니

　옛 기록에 이르기를, 옛날에 '환국'이 있었나니.

　그런데 『삼국유사』의 이 기록은 안타깝게도 우리 상고
사를 신화로 만드는 치명적 오류를 범하고 말았습니다.
저자인 일연이, '석유환국'이라는 구절 옆에 '위제석야謂帝
釋也(환국은 제석을 말한다)'라고 주석을 달아 놓아 역사왜곡
의 빌미를 제공한 것입니다. '제석'은 인도 신화의 인드라
Indra 신으로, '제석환인'으로 한역된 단어입니다. 일연은
스님으로서, 우리의 역사를 불교의 세계관으로 바라보고
기록하여 '환국'을 '제석'으로 해석해 놓은 것입니다.

　바로 이 점을 악용하여 일본은 환국의 역사를 말살하
였습니다. 일제강점기에 한국사를 왜곡시키기 위해 조직
된 〈조선사편수회〉 3인방의 한 사람인 이마니시 류今西龍

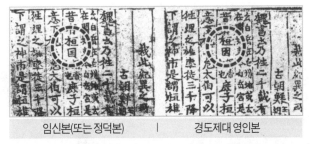

| 임신본(또는 정덕본) | 경도제대 영인본 |

『**삼국유사**』 정덕본(좌)과 경도제대 영인본(우) | 1926년 일본 경도제
대 후지후지도라 교수와 이마니시류 조교가 공모하여 삼국유사 정덕본
을 극비리에 날조하고 영인하였다. 그들은 이 사실을 감추기 위해 관계
요로에 경도제대 영인본이라는 이름으로 대량 배부하였다.

(1875~1932)는 『삼국유사』에 나오는 '석유환국昔有桓国'의 '국国' 자 가운데를 쪼아 '인囙' 자로 만들었습니다. 그리하여 "옛적에 환국이 있었다"라는 것을 "옛적에 환인이 있었다(석유환인昔有桓因)"로 바꾸어 버렸습니다.

이에 따라 인류 최초의 나라 환국은 신화가 되어 날아가 버리고 환국의 국통을 계승한 배달과 배달을 계승한 조선(옛 조선)의 역사가 완전히 뿌리 뽑혀 버렸습니다. 한민족 7천 년 고대 역사의 핵이 도려내지고, 한민족의 혼백이 완전히 파괴되어 버린 것입니다.

동북아에 세운 한민족 최초의 국가, 배달 동이

환국은 중앙아시아 천산을 중심으로 펼쳐진 인류사의 뿌리 시대이자 황금시대였습니다. 그런데 환국 말에 중앙아시아가 급속히 건조화 되기 시작했습니다. 그곳에서 살 수 없었던 사람들은 새 터전을 찾아 동서로 흩어졌습니다.

그러면 환국의 정통정신을 계승한 인물은 누구일까요?

환국 말에 환인은, '서자부庶子部'의 수장首長인 환웅에게 인간을 널리 구제하라는 명命을 내리시어, 동방의 태백산(백두산:三神山)으로 파견하였습니다. 인간을 널리 구제하고 싶은 간절한 꿈을 간직하고 있던 환웅은, 환인께서 종통계승과 신권神權의 상징으로 내려 주신 **천부인 세 종류**

와 동방문명 개척단 3천 명을 이끌고, 동방의 태백산에 정착하였습니다. 그리하여 제1세 배달 환웅은 원주민인 웅족熊族을 통합하여, 3천 명의 문명개척단과 함께 신시神市에 수도를 정하고 '배달倍達'이라는 이름으로 새 나라를 건설하였습니다. 이분이 거발환居發桓환웅입니다. 이로써 동북아 한민족사의 문명국가인 배달의 시대가 시작되었습니다.

'배달'은 밝음을 뜻하는 '배(붉)'와 땅을 뜻하는 '달'을 합친 말로서 '광명의 땅'을 뜻합니다. 우리 역사를 '배달의 역사'라 하고, 우리 민족을 '배달겨레'라 하는 것은 한민족사의 첫 번째 나라인 배달에서 연유한 것입니다.

거발환환웅은 국가 통치이념도 함께 전수 받았습니다. 그것은 다름 아닌 '신의 가르침으로써 세상을 다스리고 깨우쳐서 널리 인간 세상을 이롭게 한다'는 재세이화在世理化, 홍익인간弘益人間이었습니다.

그런데 예로부터 중국인들은 배달국 사람들을 '동이東夷'라 불렀습니다. 오늘날 한국 사학계는 동이의 뜻을 비하하여 왜곡시킨 중국의 주장을 그대로 받아들여 스스로 '동방의 야만인(Eastern barbarian)'으로 각종 서적에 기술하고 있습니다. 그러나 본래 동이는 그런 뜻이 아닙니다. 동이의 '夷'는 '弓' 자와 '大' 자가 합쳐진 말로, 동이는 '큰 활을 잘 쏘는 동방의 민족, 동방의 인자한 나라'를 의미합니다. 찬란한 해가 떠오르는 방위인 '동東'이란 말이 상징하듯이 동이는 문명을 선도한 광명민족이었습니다.

서양 문명의 뿌리, 수메르의 실체

환국은 열두 나라로 이루어졌는데 환국 말에 환국의 일파가 새 터전을 찾아 서쪽으로 진출하여 서양 문명의 뿌리인 수메르 문명을 건설하였습니다. BCE 4000년경부터 메소포타미아 지역에서 여러 도시국가를 세우고 뛰어난 문명을 건설하였던 수메르인은 자신들이 동방에서 왔다고 증언하였습니다. 수메르인은 검은 머리 인종이었고, 교착어를 사용했고, 스승을 아버지라 부르는 군사부일체 문화를 가지고 있었습니다. 이 수메르문명은 바빌론문명과 이집트문명, 페니키아문명 등으로 전수되었고 그리스문명으로 계승되었습니다.

문명의 요소 중 가장 중요한 것은 문자입니다. 수메르인이 발명한 설형문자는 중동 일대의 여러 민족이 받아들여 국제적 문자로 사용되었습니다. 설형문자로 기록된 점토판이 대거 발견되면서 수메르문명을 비롯한 중동지역 고대문명의 실체가 드러났습니다. 『성서』의 창조 신화, 노아의 홍수, 바벨탑 신화 등이 모두 수메르 신화가 그 원형인 것으로 밝혀진 것입니다.

기독교를 낳은 것은 유대인인데 그들이 조상으로 내세

인류의 창세사를 다시 쓰게 한 홍산문화

전설의 삼황오제 시대 유물 발굴

20세기에 인류의 창세 역사를 다시 쓰게 하는, 동북아 문화 최대의 발굴 사건이 있었다. 만리장성 바깥, 요서 지역(발해연안 지역)에서 발굴된, 전설의 삼황오제 시대 문화인 홍산문화가 그것이다.

홍산문화가 발굴되었지만 아무도 이 문화의 성격을 해석할 수 없었다. 이 홍산문화를 제대로 해석하여 한국 고대사의 역사를 총체적으로 밝혀줄 수 있는 책이 『환단고기桓檀古記』이다. 그런데 오늘날 강단사학자들은 『환단고기』를 위서로 단정하고 『환단고기』에 나오는 고조선 시대 천체관측설도 조작으로 몰고 있다. 당시에 그런 뛰어난 천문학이 있을 수 없다고 부정하는 것이다. 그런데 마야인들은 3세기경부터 이미 0을 포함한 20진법 숫자 체계를 가지고 있었다. 마야의 천문학은 매우 발달하여 1년의 주기가 365.2420일이라는 것까지 밝혔다.

우하량 원형제단 추정도

당시의 천문학 관측 수준을 보여 주는 자료는 더 있다. 4백여 개의 거석 구조물을 조사한 바 있는 영국 옥스퍼드 대학의 알렉산더 톰 교수는, "신석기 시대의 사람들은 매일매일 달이 뜨는 위치를 1초에 몇 분의 1의 오차도 없이 정확하게 계산하는 방법까지 알고 있었다. 그 후 곧 잊혀진 이 계산법은 3천 년이 지나서야 재발견되었다"라고 하였다. 『환단고기』에 보이는 천체관측의 내용이 사실임과 동시에 당시의 뛰어난 문명 수준을 짐작하게 하는 것이다.

홍산문화 중, 요서에서 발견된 소하서 문화는 8,500년 전까지 거슬러 올라가는, 인류 역사상 가장 오래된 신석기 문화이다. 소하서 유적은 7,000~8,000년 전에 만들어진 동방 한민족의 발해연안 빗살무늬토기와 그 연대가 일치한다. 발해연안 빗살무늬토기는 그 재질과 모양이 만주와 한반도에서 출토되는 빗살무늬토기와 같은 계통이다.

요서의 여러 신석기 문화 가운데 세간의 가장 뜨거운 관심을 끈 것이 홍산문화이다. 홍산문화는 내몽골 적봉시에 위치한, 산, 철광석으로 뒤덮여 산 전체가 붉게 보이는 '홍산紅山'에서 이름을 따 명명한 것이다.

홍산문화는 1979년 객좌현 동산취촌東產嘴村 유적 발굴과 그 인근 우하량촌牛河梁村 유적 발굴(1983년)을 계기로 전 세계의 주목을 받게 되었다. 동산취에서 엄청난 제사 유적이 발견되고, 우하량에서 무덤(塚), 신전(廟), 제단(壇)이 한꺼번에 발굴되었기 때문이다. 보통 총塚 · 묘廟 · 단壇을 인류의 정신문화를 가능케 하는

천원지방 형태의 우하량 제천단과 마리산의 참성단

3요소라 한다. 이 3요소가 함께 나온 것은 일찍이 다른 신석기 문화 유적에서는 찾아볼 수 없던 일이다.

BCE 4천 년~BCE 3천 년경 요서에서 문명을 일군 주인공들은 바로 배달 동이족이다.

우하량의 여러 유적 중에서 특히 주목을 받는 것은 제2 지점의 원형 제단으로 최하단의 직경이 22m에 달하며, 3단 높이로 지어졌다. 이 제단과 함께 조성된 방형 적석총은 '하늘의 덕성은 원만하고 땅의 덕성은 방정하다, 하늘은 둥글고 땅은 반듯하다' 는 동양의 **천원지방**天圓地方 사상을 표현하고 있다. 천원지방 구조는 배달 시대 이후 단군조선 때 지은 강화도 마리산의 참성단, 명나라 때의 환구단, 조선 말기에 고종황제가 세운 환구단 등의 제천단에 공통적으로 나타나는 양식이다. 5천5백 년 전에 배달 동이족이 세운 우하량 제단이 동북아 제천단의 원형인 것이다. 배달의 천제문화는 동북아뿐 아니라 인류 문화의 뿌리이다. 그러므로 지금까지 세계 4대 문명 중심으로 쓰인 인류 창세 역사는 다시 쓰여야 한다.

우는 사람은 아브라함입니다. 기독교에서는 아브라함을 믿음의 조상이라 합니다. 아브라함이 신의 약속을 믿고 일가친척들이 사는 고향 땅 갈데아 우르를 떠나 낯선 가나안 땅으로 이주했기 때문입니다. 갈데아는 BCE 1천 년경에 메소포타미아 지역을 정복한 민족의 이름입니다. 그러므로 BCE 2천 년경의 아브라함이 떠난 우르는 정확히 말해 갈데아 우르가 아니라 수메르 우르입니다. 결국 유대인도 그 뿌리는 수메르에 있었던 것입니다.(유대인의 역사는 아브라함으로부터 산정하면 4천 년 역사입니다. 그로부터 다시 천 년이 흐른 후에 사울이 처음으로 왕이 되어 이스라엘을 다스렸습니다. 이스라엘 왕국이 주변의 강대한 제국들에게 눌려 독립국으로 지낸 것은 700년 정도밖에 되지 않습니다. 이스라엘은 아시리아, 바빌론, 페르시아, 그리스, 로마의 지배를 차례로 받다가 마침내 로마 제국에 의해 그 땅에서 쫓겨나 전 세계를 유랑하는 민족이 되었습니다.)

한민족의 전성기, 단군조선

초대 거발환환웅이 배달을 개국한 지 1,565년, 마지막 18세 거불단환웅이 82세로 세상을 떠나자, 단군왕검이 천제의 아들로 추대되어 제위에 올랐습니다(신시개천 1565, BCE 2333). 단군왕검은 송화강 유역(지금의 흑룡강성 하얼빈)의 '아침 태양이 빛을 비추는 땅'인 '아사달'에 도읍을 정하였습니다. 단군조선은 도읍지를 이동함에 따라 크게 세

번 변천을 거쳤고 마흔일곱 분의 단군이 2,096년 동안 다스렸습니다.

초대 단군왕검은 나라를 삼한, 즉 진한·번한·마한으로 나누어 다스렸는데 이것이 바로 단군조선의 국가 경영 제도인 **삼한관경제**≡韓管境制입니다. 진한의 수도는 아사달(지금의 하얼빈), 번한의 수도는 안덕향(지금의 하북성 당산시), 마한의 수도는 백아강(지금의 평양)이었습니다. 일찍이 한말의 역사학자 단재 신채호 선생은 삼한관경이 단군조선의 국가 경영 원리였음을 밝혀낸 바 있습니다.

단군조선은 또한 **천자국**이었습니다. 천자天子라는 말은 본래 삼신상제님의 심법을 체득하고 상제님을 대행하여 세상을 다스리던 환웅천황, 단군왕검을 '천제자天帝子'라 한 데서 비롯됩니다. 이 신교의 삼신상제 신앙이 후에 중국으로 건너가 천자天子로 바뀐 것입니다.

단군조선은 그 영토가 동쪽으로 한반도의 동해에 미치고, 북쪽으로 흑룡강을 지나 시베리아까지, 남쪽으로 큐슈와 일본 본토까지, 서쪽으로 몽골에 이르는 대제국이었습니다.

하가점夏家店은 내몽골 자치구 적봉시의 한 촌락인데, 그 유적지의 상층에서 유목민 문화가 나타났고, 하층에서 BCE 2400~BCE 1500년에 걸친 농경 집단의 청동기 문화가 나타났습니다. 이 하층에서 나온 비파형 청동검은

단군조선 개국과 삼한관경

초대 단군왕검은 9환족을 통일하여 아사달(지금의 흑룡강성 하얼빈)에 도읍하였다. '일신즉삼신一神即三神'과 천지인의 원리에 의해 고조선(BCE 2333년~BCE 238)을 진한, 마한, 번한의 삼한으로 나누어 통치하셨다. 이를 삼한관경이라 하며, 진한은 단군왕검께서 직접 다스리고, 압록강 이남의 마한(수도는 지금의 평양)은 웅백다熊伯多를 왕(부단군)으로, 요하 서쪽의 번한(수도는 지금의 하북성 당산시)은 치우천황의 후손인 치두남蚩頭男을 각각 1대 왕으로 임명하여 다스리게 하였다.

조선 청동기 문화의 대표적 유물로서 만주와 한반도에서 발굴된 청동검과 동일합니다. 몽골과 만주, 한반도까지 단군조선의 강역이었음을 알 수 있는 것입니다.

한민족사의 잃어버린 고리, 북부여

단군조선의 역사가 신화가 된 이유 중 하나는, 단군조선과 고구려를 잇는 북부여의 역사가 말살되어서입니다. 환국-배달-단군조선의 7천 년 역사가 전개된 이후 한민족사는 북부여를 필두로 하여 '열국列國시대'로 이어졌습니다.

단군조선 말기에 새 역사를 개창한 분이 바로 북부여를 건국한 해모수입니다. 해모수는 요하 상류에 위치한 단군조선의 제후국인 고리국 출신으로 BCE 239년에 웅심산(지금의 길림성 서란)에서 일어났습니다. 이 북부여가 단군조선을 계승(BCE 232)하였습니다.

북부여는 4세 단군에 이르러 역사적인 큰 전환점을 맞이하게 됩니다. 한 무제가 BCE 108년에 요동을 넘어 북부여까지 침공하였는데, 이때 고두막한高豆莫汗이 분연히 의병을 일으켜 한나라 군대를 물리치고 나라를 구하였습니다. 이후 졸본卒本에서 나라를 열어(BCE 108) 졸본부여라 하고, 스스로 동명왕東明王이라 칭하였습니다. 나라를 구한 고두막한은 구국영웅으로 추앙받아 북부여의 5세 단군으로 즉위하였습니다(BCE 86).

북부여는 고두막 단군의 아들(6세 고무서)에 이르러 182년(BCE 239~BCE 58)의 짧은 역사를 끝내고 고구려[시조 주몽]로 계승됩니다.

그동안 중국이 자행한 역사 왜곡으로 북부여사가 누락되어 한민족의 국통맥은 단절되어 있었습니다. 즉, 고조선이 망한 뒤 어떻게 해서 고구려로 이어졌는지 분명치 않았던 것입니다. 우리는 『환단고기』「북부여기」를 통해 잃어버린 북부여사를 찾아서 한민족의 국통맥을 온전히 알게 되었습니다.(중국의 한민족사 왜곡에 대한 상세한 내용은 상생출판 간행 『환단고기』 역주본 해제, 『한민족과 증산도』 참고)

북부여를 계승한 고구려

북부여는 비록 단군조선을 계승하였지만, 단군조선의 전 영역을 흡수하지는 못하였습니다. 그리하여 단군조선의 옛 영토에는 북부여, 동부여, 서부여, 낙랑국, 남삼한, 옥저, 동예 등 여러 나라가 형성되었습니다. 이러한 열국시대는 그 후 사국(고구려, 백제, 신라, 가야)시대를 거쳐 약 100년간의 삼국(고구려, 백제, 신라)시대로 이어졌습니다.

그렇다면 북부여의 국통은 어디로 계승되었을까요? 북부여의 마지막 6세 고무서 단군은 주몽을 범상치 않은 인물로 여겨 둘째 딸인 소서노와 혼인시켜 사위로 삼았습니다. 아들이 없던 단군이 재위 2년 만에 붕어하면서 고주몽은 북부여의 7세 단군이 됩니다(BCE 58).

흔히 고주몽을 해모수의 아들로 알고 있지만, 고주몽은 북부여의 시조 해모수의 5세손(현손)으로, 해모수의 둘째 아들인 고진의 손자 불리지와, 하백의 딸 유화부인 사이에서 태어났습니다. '주몽'은 부여어로 '활을 잘 쏘는 사람'을 뜻합니다. 고주몽은 나라 이름을 북부여에서 고구려로 바꾸었습니다(BCE 37). 고구려의 등장은 북부여 이래 열국시대의 혼란상을 극복하는 전환점이 되었습니다. 고구려는 동부여의 잔여세력을 포함하여 한반도 북부와 만주 지역의 열국을 모두 통합하였습니다.

한민족의 남북국 시대

고구려가 망하자 고구려의 장군이었던 대중상이 '고구려를 회복하여 부흥시킨다'는 뜻에서 나라 이름을 '후고구려'라 하였습니다. 그리고 대중상의 뒤를 이어 아들 대조영은 당나라 군을 격파하고 6천 리 강역을 개척하여 고구려의 옛 영토를 상당히 회복하고 국호를 '대진大震(동방의 큰 나라라는 뜻)'이라 하였습니다. 북쪽에는 고구려를 계승한 대진이, 남쪽에는 후신라(통일신라)가 들어서면서 남북국 시대가 펼쳐지게 됩니다.

단군조선 시대 사관史官 발리가 지은 『신지비사神誌秘詞』에 따르면, 한민족의 역사는 아홉 번을 바뀌며 전개됩니다. 그 예언처럼 실제로 우리나라는 ①환국 → ②배달 → ③단군조선 → ④북부여(열국 시대) → ⑤고구려·백제·신라·가야(사국 시대) → ⑥대진국·신라(남북국 시대) → ⑦고려 → ⑧조선 → ⑨대한민국으로 바뀌어 왔습니다. 이 아홉 번의 개국開國 과정이 바로 동북아 역사의 주역이자 인류 시원 문화 종족인 한민족의 국통맥입니다.

동방 한국사의 올바른 국통맥

삼성조 시대	**환국**	(BCE 7197~BCE 3897)
9212년 전		7대 환인 : 3301년간(조화시대)
5912년 전	**배달**	(BCE 3897~BCE 2333)
		18대 환웅 : 1565년간(교화시대)
4348년 전	**조선**	(BCE 2333~BCE 238)
		47대 단군 : 2096년간(치화시대)

열국 시대	**북부여**	(BCE 239~BCE 58)
2254년 전		동부여 (BCE 86~CE 494)
		남삼한 (BCE 194~CE 8)
		최씨낙랑국 (BCE 195~CE 37)
		동옥저 (BCE 56~?)
		동예 (?~CE 245)

사국 시대	**고구려**	(BCE 58~CE 668)
2073년 전		백제 (BCE 18~CE 660)
		신라 (BCE 57~CE 668)
BCE CE		가야 (CE 42~532)

남북국 시대	**대진(발해)**	(668~926)
1347년 전		후신라(통일신라) (668~935)

1097년 전	**고려**	(918~1392)
623년 전	**조선**	(1392~1910)
96년 전	**임시정부**	(1919~1945)
남북분단 시대	**대한민국**	(1948)
2015년 기준		조선민주주의인민공화국(1948~)

지구촌 통일문화 시대
후천 가을개벽 후 **천지 광명 문화 시대**

9는 우주 분열의 끝을, 10은 통일을 상징하는 수입니다. 따라서 한민족의 역사가 아홉 번째 나라에서 열 번째 나라가 될 때에는 남북한뿐만 아니라 동서 문명이 통일되어 지상천국이 열립니다.

19세기 후반 동학의 창도자인 최수운 대신사는 지상천국이 도래한다는 '다시 개벽'을 선포하였습니다. 우주의 통치자이신 아버지 하느님이 동방 땅에 오셔서 지상 천국을 열어주신다는 것입니다. 기독교에서 말하는 천년왕국, 불교의 용화낙원 등은 모두 인류가 염원해 온 지상천국을 의미하는 것인데, 그것이 도래하기 위해서는 천지의 틀이 전적으로 개벽되어야 합니다. 가을 대개벽으로 말미암아, 인간과 만물이 모두 살기殺氣를 뿜어내는 상극의 세상이 상생의 세상으로 바뀌게 됩니다. 인류의 꿈인 이 지상낙원을 이루시기 위해, 인류 황금시절의 문화이며 유불선, 기독교 등 모든 종교의 모체인 신교를 열어주신 상제님이 바로 이 한국 땅에 강세하신 것입니다.

3. 인류 문화 정신사의 뿌리

1) 인류의 시원 뿌리 문화, 신교

신교의 핵심, 삼신사상

환국으로부터 인류 4대문명이 뻗어나간 것과 같이, 환국, 배달, 조선 시대 한민족의 신교神敎로부터 유·불·선·기독교 4대 종교가 그 생명력을 계승해 제2의 줄기문화로 성장하였습니다. 신교는 동서 문화의 뿌리종교이자 인류 최초의 모태종교입니다.

불교는 사국 시대에 들어왔고 기독교는 17세기부터 들어온 외래종교입니다. 불교가 들어오기 이전에 한민족의 고유한 종교가 있었음은 여러 역사 기록이 분명히 말해주고 있습니다. 조선 숙종 때 북애자가 쓴 『규원사화』에는 "우리나라는 신으로 가르침[神敎]을 베풀고 옛것을 좇으니 그것이 풍속이 되어 사람들 마음이 점차 안정되었다"라고 하였습니다. 그 고유한 종교를 '신교'라 합니다.

『환단고기』에는 우주와 신, 인간에 대한 신교의 여러 가르침이 기록되어 있는데, 『천부경』, 『삼일신고』, 『참전

계경』이 바로 신교의 3대 경전입니다.

신교는 신의 뜻과 가르침으로 사물을 보고 세상을 다스리고 신을 인간생활의 중심으로 삼은 인류의 모체 종교입니다. 그리스의 신탁문화와 상(은)나라의 갑골문화가 신의 뜻을 물어 생활했던 대표적인 신교문화입니다. 태고 문화는 신과 교감이 되고, 신성神聖으로 충만했던 성인 제왕들이 다스린 문화였습니다. 그때는 인류가 신의 광명을 체험하면서 살았고, 삶의 목적을 오직 하늘의 광명을 얻는 데 두었습니다. 신교가 단순히 종교에 그치지 않고 인간 삶의 모든 면을 관장하고 다스리는 폭넓은 가르침이었음을 의미합니다.

신교의 핵심 사상인 삼신사상은 9천 년 한민족사의 모든 왕조에서 국가 경영제도의 근간이 되었습니다. 배달은 국가 중앙 조직으로 풍백·우사·운사의 삼백三伯 제도를 갖추었고, 단군조선은 강역을 삼한으로 나누어 한 명의 대단군과 두 명의 부단군이 다스렸으며, 백제는 중앙의 임금을 좌현왕과 우현왕이 보좌하였습니다. 이렇듯 삼신사상은 정치 제도뿐만 아니라 한민족 문화의 바탕이 되었습니다.

세계로 뻗어나간 제천문화: 거석문화의 비밀

환국 시대 이래 한민족은 천제天祭를 통해서 삼신상제님

미국 일리노이 주의 몽크스 마운드

이집트 제4왕조 스네프루 왕의 피라미드

수메르 도시국가 우르의 지구라트

에 대한 믿음과 공경을 표현하였습니다. 천제는 상제님의 은혜에 감사하며 나라의 부강과 백성의 번영을 기원하는 국가 행사였습니다. 역대 단군들은 매년 음력 3월 16일 대영절大迎節(삼신상제님을 크게 맞이하는 날)에 강화도 마리산에 올라 천제를 거행하였고, 이 천제는 이후 부여(영고), 예(무천), 마한(남삼한 시대), 신라, 고구려(동맹), 백제 등으로 이어졌습니다. 고려 때 국가 최고 의례였던 팔관회도 사실은 불교 행사가 아니라 제천행사였습니다.

한민족의 천제문화는 일찍이 중국 땅에 전파되어 중국의 성왕聖王으로 일컬어지는 요와 순은 말할 것도 없고 진시황, 한 무제를 위시한 70여 명의 중국 제왕이 태산에 올라 천제인 봉선제封禪祭를 봉행하였습니다. 태산 꼭대기에는 지금도 '옥황대제玉皇大帝'라는 위패를 써 붙인 황금빛 상제님을 모신 옥황전玉皇殿이 보존되어 있습니다.

천제문화는 북방 민족에게도 전해져 대진(발해) 이후 만주 땅에 세워진 요나라, 금나라 등이 한민족의 제천풍속을 받아들여 국가행사로 거행하였습니다.

이 밖에도 환국의 신교 문명을 전수받은 세계 각처의 문화권이 모두 제천祭天을 행하였습니다. 환족이 개척한 수메르문명, 여기서 다시 갈려 나간 이집트문명, 베링 해협을 건너가 개척한 중남미 마야문명과 아스텍문명 등의 유적에서도 공통적으로 나타나고 있는데, 지구라트와 피라미드 같은 거석 유물이 바로 제천문화의 자취입니다.

일본의 고대 신화와 유적에서도 한반도에서 건너간 신교 삼신신앙의 자취를 쉽게 찾아볼 수 있습니다. 『고사기古事記』에서는 일본의 창세신화가 '조화삼신으로 시작되었다'고 말하는데, 이 조화삼신이 신교의 삼신을 말함은 두말할 나위가 없습니다. 예로부터 일본인의 정신적 구심점이 된 신도神道는 바로 동북아 신교문화가 변형된 것으로, 동경대 교수를 역임한 구메 구니다케久米邦武(1839~1931)는 "신도는 제천 행사의 옛 풍속"이라 하였습니다.

신교에서 뻗어나간 유·불·선

유교의 창시자인 공자의 스승은 담자郯子인데 담자는 동이족 출신입니다(『춘추좌전』). 공자 역시 동이족인 미자微子의 후손이며, 동이족과 동이족 문화권에 살던 인물들에게 가르침을 받아 자신의 사상을 확립한 사람입니다.

공자가 이상 사회의 모델로 삼은 주나라는 정치적, 문화적으로 단군조선의 영향을 강하게 받았습니다. 하·상·주 3대 왕조 모두 단군조선의 신교문화권에 속하였으며, 하·상·주 사람들은 단군조선 사람들과 마찬가지로 삼신상제를 신앙하였습니다. 이것은 공자가 편찬한 유가 경전인 『시경』, 『서경』 등에서 확인할 수 있습니다.

불교와 도교의 교리 바탕에도 신교사상이 그대로 녹아

있습니다. 불교의 법신불法身佛·응신불應身佛·보신불報身佛 삼불 사상과 도교의 삼청三淸(옥청玉淸·상청上淸·태청太淸)은 신교의 조화신·교화신·치화신의 삼신사상에서 유래했습니다. 그런데 그 무엇보다 도교가 신교에서 뻗어 나왔음을 확실히 입증하는 것은 도교에서 우주의 최고 지존자요 도의 주재자로 옥황상제님을 모신다는 사실입니다.

한편 기독교의 뿌리인 유대문명은 약 6천 년 전, 환국의 신교 문화권이 지금의 이라크 남부 지방으로 남하하여 개척한 수메르문명에서 갈려나간 것입니다. 4천여 년 전 수메르의 갈데아 우르에 살던 아브라함이 수메르의 생활 풍습과 신관, 자연관, 영원불멸의 선仙 사상 등을 그대로 가지고 이동한 것입니다. 아브라함 족속은 본래 엘을 비롯한 여러 신을 숭배하였습니다. 그러던 그들이 야훼를 유일한 신으로 받든 것은 아브라함 이후 500년이 지난 모세 때부터였습니다.

고대 이스라엘의 문화가 신교문화에서 나왔음을 보여주는 관습 중 하나가 조상 제사입니다. 수메르 문명권에 속했던 중동의 여러 사회에서는 망자亡者가 먹을 것과 마실 것을 필요로 한다고 믿고 무덤에 음식과 음료를 넣을 관을 따로 만들기도 하였습니다.

그래서인지 유대교와 기독교에는 신교의 선仙 사상이 배어 있습니다. 그 실례로 유대인들은 '족장 에녹(노아의 증조부)과 선지자 엘리야가 죽지 않고 하늘로 올라갔으며, 예수 역시 십자가에 처형된 지 사흘 만에 부활하여 40일 동안 세상에 있다가 하늘로 승천하였다'고 믿고 있습니다. 이러한 사실은 유대교와 기독교가 불멸과 영생을 추구한 서선西仙임을 보여줍니다.

신교의 주재자, 삼신상제님

유·불·선·기독교는 모두 환국의 정통 장자국인 동방 배달·조선의 신교로부터 흘러나갔다가 다시 이 땅에 들어온 것입니다.

우주의 본성은 광명이고, 동양에서는 그 광명을 신이라여겼습니다. 신의 손길이 항상 3수로서 만물을 구성하기

신의 세 가지 손길		
낳고 (造造)	기르고 (敎敎)	다스리고 (治治)
천天 = 부父 (천일天一)	지地 = 사師 (지일地一)	인人 = 군君 (태일太一)
환桓 (천광명天光明)	단檀 (지광명地光明)	한韓 (인광명人光明)
성性	명命	정精
전도佺道	선도仙道	종도倧道
환국(환인桓仁)	배달(환웅桓雄)	조선(단군檀君)
마한馬韓	번한番韓	진한辰韓

때문에 우리 조상들은 신을 '삼신'이라 하였습니다. 그것은, 서로 다른 세 분의 신이 존재한다는 뜻이 아니라 신의 창조성이 세 손길로 나타난다는 의미입니다. 그 세 창조성이 바로 만물을 낳고(造), 만물에게 깨우침을 내려주면서 기르고(教), 만물의 질서를 다스리는(治) 것입니다.

이 삼신의 조화와 삼신에 내재된 자연의 이법을 직접 주관하여 천지만물을 낳고 다스리는 절대자가 이 우주에 계십니다. 그분을 "삼신일체상제三神一體上帝(삼신과 한 몸이신 상제님)"라 합니다. 삼신상제님은 무형의 삼신과 달리, 사람의 형상을 하고(인격신) 천상 보좌에서 직접 이 우주를 다스리시는 통치자 하느님[主神]이십니다.

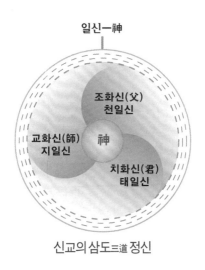

신교의 삼도三道 정신

天符經
천 부 경

中 중	本 본	衍 연	運 운	三 삼	三 삼	一 일	盡 진	一 일
天 천	本 본	萬 만	三 삼	大 대	天 천	三 삼	本 본	始 시
地 지	心 심	往 왕	四 사	三 삼	二 이	一 일	天 천	無 무
一 일	本 본	萬 만	成 성	合 합	三 삼	積 적	一 일	始 시
一 일	太 태	來 래	環 환	六 육	地 지	十 십	一 일	一 일
終 종	陽 양	用 용	五 오	生 생	二 이	鉅 거	地 지	析 석
無 무	昂 앙	變 변	七 칠	七 칠	三 삼	無 무	一 일	三 삼
終 종	明 명	不 부	一 일	八 팔	人 인	匱 궤	二 이	極 극
一 일	人 인	動 동	玅 묘	九 구	二 이	化 화	人 인	無 무

一神降衷 性通光明
일 신 강 충 성 통 광 명

삼신께서 참마음을 내려주셔서
사람의 성품은 삼신의 대광명에 통해 있느니라.

천부경은 환국시대부터 전해오는 상제님의 계시를 담은 일태극一太極 경전
이다. (『태백일사』「소도경전본훈」)

유불선의 뿌리인 신교의 주재자 삼신상제님은 개벽시대를 맞아 인류 문화의 뿌리인 한민족의 혈통을 타고 오시어, 유·불·선(기독교) 삼도三道를 통일하여 지구촌 인류가 한 가족으로 살아가는 문명권을 열어 주셨습니다.

세계 종교 통일의 도맥, 『진인도통연계』

지금까지 개벽 소식이 한반도에서 울려 퍼지게 된 이유를 역사 속에서 살펴보았습니다. 인류의 시원 국가인 환국에서 동서 4대 문명이 생겨나고, 신교에서 유불선 삼교가 갈라졌다는 것을 한민족의 역사를 통해 알 수 있었습니다. 그런데 동서 종교가 생겨나고 다시 통합되는 원리를 지도地道의 원리로 밝힌 철인이 있습니다.

중국 명나라 때(1583년) 진사 벼슬을 한 주장춘朱長春 선생은, 『진인도통연계眞人道通聯系』에서 유·불·선 3대 성자의 도맥이 이루어진 원리를 밝히고, 병든 이 세계를 구원하여 '인류문화를 통일하시는 우주의 메시아 강세 소식'을 지도地道의 원리로 전하였습니다. 이것은 공자·석가의 출세 소식과 인류사의 대전환 시대에 오시는 상제님의 강세에 대해 천지의 현기玄機를 통찰하고 전한 실로 놀라운 소식입니다.

세계 지도를 펴 놓고 보면, 지구의 중심 산이자 조종산祖宗山인 곤륜산으로부터 동서로 산맥이 크게 갈라져 나가는 것을 볼 수 있습니다.

◎ 山之祖宗崑崙山은 原名이 須彌山也라.
산지조종곤륜산   원명   수미산야

崑崙山第一枝脈이 入于東海하여 生儒拔山하고
곤륜산제일지맥   입우동해   생유발산

儒拔山이 生尼丘山하여 起脈七十二峯이라
유발산   생니구산   기맥칠십이봉

孔子는 七十二名道通也라.
공자   칠십이명도통야

산의 근원은 곤륜산이니, 곤륜산의 본래 이름은 수미산
이니라.

곤륜산의 제1맥이 동해 쪽으로 뻗어나가 유발산을 일으
키고, 유발산이 니구산을 낳아 72봉을 맺으니라. 공자가
니구산 정기를 타고 태어나 이 니구산 72봉의 기운으로
그의 제자 72현賢이 배출되니라.

◎ 崑崙山第二枝脈이 入于西海하여 生佛秀山하고
곤륜산제이지맥   입우서해   생불수산

佛秀山이 生釋定山하여 起脈四百九十九峯이라
불수산   생석정산   기맥사백구십구봉

釋迦牟尼는 四百九十九名道通也라.
석가모니   사백구십구명도통야

곤륜산의 제2맥이 불수산佛秀山을 낳고 불수산이 석정산
釋定山을 일으켜 이곳에 499봉이 솟으니라. 석가모니가 이
석정산의 영기靈氣를 타고 왔나니 그의 도통제자 499명이
나오니라.

이것은 공자·석가가 세상에 오게 된 지맥을 밝힌 것입
니다. 선생은 '천지의 하느님'께서 지상에 강세하시어 공

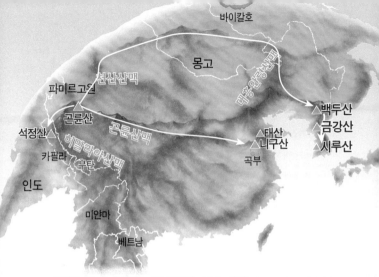

▶곤륜산 제1맥 - 유발산 - 니구산 72봉 - 공자 - 72현
▶곤륜산 제2맥 - 불수산 - 석정산 499봉 - 석가모니 - 499제자
▶곤륜산 제3맥 - 백두산 - 금강산 12,000봉 - 증산 상제님 - 12,000 도통군자

자·석가의 꿈을 이루고 후천 가을의 무극대도를 펼치신
다는 것을 이렇게 전하였습니다.

◎ 崑崙山第三枝脈이 入于東海하여 生白頭山하고
　곤 륜 산 제 삼 지 맥 　　 입 우 동 해 　　 생 백 두 산

白頭山이 生金剛山하여 起脈一萬二千峯하니
백 두 산 　 생 금 강 산 　　 기 맥 일 만 이 천 봉

生甑山하여 天地門戶母嶽山下에 道出於熬也라.
생 증 산 　　 천 지 문 호 모 악 산 하 　 도 출 어 오 야

故로 一萬二千名道通也라.
고 　 일 만 이 천 명 도 통 야

곤륜산의 제3맥이 동방으로 쭉 뻗어 백두산에 맺히고 그

맥이 다시 남으로 뻗어 금강산을 수놓아 1만2천 봉이 솟

왔느니라. 그리하여 이 기운을 타고 증산甑山께서 오시나니 이분이 천지의 문호인 모악산 아래에서 결실의 추수 진리(오도熬道, 볶을 오熬)를 열어 주시나니 그분의 도道는 '모든 진리를 완성'시키는 열매가 되리라. 후에 그분의 도문에서 금강산의 정기에 응해 1만2천 명의 도통군자가 출세하리라.

이 『진인도통연계』의 핵심은 "생증산生甑山하여 천지문호모악산하天地門戶母嶽山下에 도출어오道出於熬야"라는 구절입니다. 이것은 '동방의 영산인 금강산의 영기에 응해 천상의 하느님(상제님)께서 오셔서 증산이란 존호를 쓰시고 천지문호인 모악산(전라북도 전주 소재) 아래에서 인류 구원의 대도를 이루신다'는 뜻입니다.

그런데 상제님은 왜 하필 증산甑山이라는 존호를 가지고 오시는 것일까요? '도출어오'라는 말에 그 깊은 뜻이 잘 나타나 있습니다. 이 말은 '인류구원의 대도가 오熬에서 나온다'는 의미입니다.

'오'의 뜻은 글자의 부수인 '불 화火'에 들어 있으며 그 의미는 볶는다는 것입니다. 이것은 설익고 미완성된 선천 종교와 사상·철학·과학 등을 총체적으로 익혀서 성숙시킨다는 깊은 뜻을 나타냅니다. 즉, 새 시대의 새 부처님(깨친 자)이신 도솔천의 천주님 미륵존불께서 결실을 의미하는 '증산甑山'으로 오시어, 인류 구원의 오도熬道(인류문명을 익혀서 완성시키는 대도)를 창도하심을 의미하는 말입니다.

주장춘은 오늘날 온갖 참상을 겪고 있는 인류에게 선천의 모든 것을 성숙시키는 가을철 새 진리의 고소한 맛을 봐야만 구원받을 수 있다는 섭리를 전하였습니다. 또한, 이 진리의 사명을 완수하는 상제님의 1만2천 도통군자가 동방 한국 땅에서 역사의 일꾼으로 나온다는 축복의 메시지도 함께 전하였습니다.

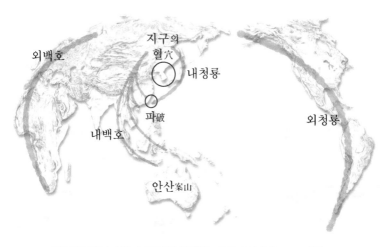

지구의 혈이며 열매 자리인 한반도_증산도 안운산安雲山 태상太上 종도사님이 최초로 밝혀주신 지구의 지리. 대한민국이 지구의 원 중심, 고갱이, 알캥이, 핵심 혈穴이다. 그래서 삼계를 다스리는 우주의 절대자 하느님께서 이 넓은 지구상에서 바로 이 땅으로 오셨다.

4. 인간으로 오신 하느님, 증산 상제님

1) 천지의 가을을 여신 증산 상제님

마침내 강세하신 상제님

천상에 계신 삼신상제님께서 인간으로 오신 그분이 바로 '강증산姜甑山 상제님'이십니다.

> ※ 동학 주문에 '시천주조화정侍天主造化定'이라 하였으니 나의 일을 이름이라. 나를 믿는 자는 무궁한 행복을 얻어 선경의 낙을 누리리니 이것이 참동학이니라. (道典 3:184:9, 12)

증산도의 도조이신 증산 상제님은 신미辛未(1871)년 음력 9월 19일, 전북 고부군古阜郡 우덕면優德面 객망리客望里에서 탄강하셨습니다(지금의 전라북도 정읍군 덕천면 신월리). 성부님의 존함은 흥興 자, 주周 자, 성모님의 성은 안동 권씨權氏, 존함은 양良 자, 덕德 자입니다.

상제님의 성은 '진주 강姜', 존휘는 '한 일一 자, 순박할 순淳 자' 입니다. 상제님이 탄강하신 고부의 손바래기(客望

里, 仙望里)라는 마을은 예로부터 '하늘의 주를 기다린다'
는 전설이 전해 내려온 곳입니다.

> ☀ 상제님께서 탄강하신 객망리는 일명 손바래기라 하고
> 탄강하시기 전에는 선망리仙望里라 하였나니 이는 '하
> 늘의 주主를 기다리는 마을'이란 뜻이라. 동방의 종주
> 산인 백두산에서 비롯한 백두대간白頭大幹이 남쪽으로
> 쭉 뻗어 내리다 … 이어 시루산甑山을 이루니 시루산을
> 중심으로 서쪽의 두승산과 변산, 남서쪽의 방장산 입
> 암산 망제봉, 동북쪽의 상두산象頭山 모악산 등이 모두
> 시루산에 배례하는 형국이라. (道典 1:141:1~10)

상제님은 시루산의 '시루 증甑, 뫼 산山'을 취해 증산을
도호道號로 쓰셨습니다. '시루 증' 자는 '성숙·완성·결실·가
을'이라는 뜻입니다.

상제님의 도통 경지, 중통인의

젊은 시절에 의기義氣 충천한 대의大義의 길을 몸소 보여
주신 증산 상제님은 민족과 세계를 널리 구원하실 거룩한
뜻을 품고, 성수聖壽 27세이신 정유(1897)년 후반부터 3년
동안 천하유력의 길을 떠나 세태와 인정을 직접 체험하셨
습니다.

경자(1900)년 가을에 고향에 돌아오신 상제님은 이듬해
31세 되시던 신축년에 '이제 천하의 대세가 종전의 알며

행한 모든 법술로는 세상을 건질 수 없다'(道典 2:1:2)고 생각하시고 모악산 아래 대원사 칠성각七星閣에서 무극대도의 도통문을 여셨습니다.

⚜ 예로부터 상통천문上通天文과 하달지리下達地理는 있었으나 중통인의中通人義는 없었나니, 내가 비로소 인의人義를 통하였노라. (道典 2:22:3~4)

⚜ 중통인의中通人義는 만유가 생성하는 이치를 알아야 하느니라. (道典 11:102:5)

이 '중통인의中通人義'는 천지의 질서를 새롭게 열고 인간과 인간으로 살다 간 천상의 신명들까지 개벽시켜 성숙케 할 수 있는 최상의 도통 경지입니다. 이렇게 만사를 자유자재로 할 수 있는 중통인의의 도통 경계에서 펼치신 증산 상제님의 진리는, 우주 삼계 문명을 개벽하여 대통일을 이루는 전무후무한 무극대도입니다.

2) 증산 상제님의 권능과 기적

증산 상제님께서 금세기 초에 천지공사를 집행하며 행하신 기적을 목격한 사람은 상제님의 도문道門에 모여든 60여 명의 성도들과 가족, 일가친척과 일반 사람들을 합쳐 수만 명을 헤아립니다. 『도전』을 통해 상제님의 권능

대원사 칠성각_칠성신을 모시는 전각으로 '배달-(단군)조선' 이래 동방 한민족 고유의 정통 신앙인 신교 세계관에 그 뿌리를 두고 있다. 신축(1901)년 음력 7월 7일 상제님께서 이곳에서 천지대신문을 여시고 중통인의의 대도통을 하셨다.

을 살펴보면 다음과 같습니다.

① "내가 천지를 주재하여 다스리되 생장염장生長斂藏의 이치를 쓰나니 이것을 일러 무위이화라 하느니라"(道典 4:58). 이 말씀에서 알 수 있듯이 상제님은 우주 자연과 질서의 주재자이십니다.

② "인간의 복은 녹줄에 있고 오래 삶은 명줄에 있으니 증산 상제님과 태모 고 수부님은 뭇 생명의 부모 되시어 녹祿과 명命을 다스리시니라"(道典 9:1:1~2)라는 말씀과 같이 인간의 복록과 수명을 맡아 다스리십니다. 뿐만 아니라 상제님은 죽은 자를 살려 주기도 하시고, 인간의 생사화복을 맡아 다스리시는 참 하느님이심을 보여 주시는 숱

한 이적을 행하셨습니다.

③ "이제는 판이 크고 일이 복잡하여 가는 해와 달을 멈추게 하는 권능이 아니면 능히 바로잡을 수 없느니라"(道典 4:111) 하시며 일월日月의 운행을 멈추게 하시고 천지조화로도 어려운 기적을 보여 주셨습니다.

④ "이제 신명으로 하여금 사람 몸속에 출입하게 하여 그 체질과 성품을 고쳐 쓰리니 … "(道典 2:62)라는 말씀처럼 상제님은 사람의 마음을 꿰뚫어 보시고 성품을 고쳐 주셨습니다.

⑤ "너희들도 잘 수련하면 모든 일이 마음대로 되리라"(道典 3:312) 하시어 인간 성숙의 길도 열어 주셨습니다.

우주의 이상을 실현하는 인류 구원의 마지막 주체는 바로 인간입니다. 인간은 누구나 수련을 통해 무한히 진보하여 선천의 성자보다 더 깊은 궁극의 도통 경계에 다다를 수 있는 것입니다.

3) 인류의 꿈을 실현하는 천지공사

증산 상제님은 1901년부터 1909년 까지 9년 동안 천지공사天地公事를 집행하셨습니다. 오직 우주 통치자의 권능으로써 가능한 천지공사는, 병든 하늘과 땅을 뜯어 고치고 사람도 완전히 새롭게 하는, 우주의 대수술입니다.

❀ 증산 상제님께서 선천개벽 이래로 상극의 운에 갇혀 살아온 뭇 생명의 원冤과 한恨을 풀어 주시고 후천 오 만년 지상 선경세계를 세워 온 인류를 생명의 길로 인 도하시니 이것이 곧 인존상제님으로서 9년 동안 동방 의 조선 땅에서 집행하신 천지공사天地公事라. 이로써 하늘땅의 질서를 바로잡아 그 속에서 일어나는 신도 神道와 인사人事를 조화調和시켜 원시반본原始返本과 보은 報恩·해원解冤·상생相生의 정신으로 지나간 선천상극先天 相克의 운運을 끝막고 후천 새 천지의 상생의 운수를 여 시니라. (道典 5:1:1~6)

이 천지공사에 세계 역사의 현재와 미래 그리고 인류 구 원의 해답이 모두 들어 있습니다.

❀ 이때는 천지성공 시대라. 서신西神이 명命을 맡아 만유 를 지배하여 뭇 이치를 모아 크게 이루나니 이른바 개 벽이라. (道典 4:21:1)

천지가 성공하여 새 하늘과 새 땅이 열리는 때에 서방의 가을기운(金)을 몰고 인류를 추수하러 오시는 하느님을, 불교에서는 서방 정토세계에서 걸어오시는 미륵부처님이 라 하였고, 기독교에서는 백보좌 하느님으로 말했습니다.

증산 상제님은, 모든 종교에서 외쳐 온 '인류를 구원해 주실 분'이 한 분임을 이렇게 확인해 주셨습니다.

❀ 예수를 믿는 사람은 예수의 재림을 기다리고 불교도
는 미륵의 출세를 기다리고 동학 신도는 최수운의 갱
생을 기다리나니 '누구든지 한 사람만 오면 각기 저의
스승이라.' 하여 따르리라. '예수가 재림한다.' 하나 곧
나를 두고 한 말이니라. 공자, 석가, 예수는 내가 쓰기
위해 내려 보냈느니라. (道典 2:40:1~6)

인류를 구원하시는 우주의 절대자는 한 분입니다. 각 종
교에서 하느님, 미륵부처님, 천주님, 옥황상제님 등으로 호
칭했던 신앙 대상은 각기 다른 분이 아니라 바로 이 땅에
오신 증산 상제님입니다. 증산 상제님은 각 종파의 종교인
도 구원하시고, 신앙이 없는 사람도 다 함께 구원하시는
우주의 주재자, 개벽장 하느님이십니다. 증산 상제님께서
는 모든 종교의 궁극적 이상을 실현하시고, 새 세계의 무
궁한 복락을 누구에게나 빠짐없이 베풀어 주시는 참 하느
님이십니다.

상제님을 부르는 여러 호칭

제3장

증산 상제님이 밝혀 주신
우주의 개벽섭리와
신도세계

1. 만물은 어떻게 창조되고 변화해 가는가?

1) 우주에도 사계절이 있다

생장염장 사시로 순환하는 자연 법칙

앞으로 일어나는 대개벽의 커다란 재난, 즉 큰 전쟁과 전 지구적 규모의 지각변동, 3년 동안 전 세계를 강타할 급성 괴질병 등의 현상 이면에는 그 기운을 몰고 오는 근본 원인이 있습니다. 이것은 이 땅에 강세하신 증산 상제님의 말씀을 통해서만 알 수 있는 우주 신비의 극치입니다. 우주의 자연섭리를 주재하시는 하느님이신 증산 상제님은 우주의 창조 원리와 인간 구원의 이치를 명확히 밝혀 주셨습니다.

⊛ 대인을 배우는 자는 천지의 마음을 나의 심법으로 삼고, 음양이 사시四時로 순환하는 이치를 체득하여 천지의 화육化育에 나아가느니라. (道典 4:95:11)

⊛ 내가 천지를 주재하여 다스리되 생장염장生長斂藏의 이치를 쓰나니 이것을 일러 무위이화라 하느니라. (道典 4:58:4)

이 말씀의 핵심 뜻은 천지만물은 주기적 순환 리듬을 타고 생성生成·변화變化한다는 것입니다. 시간의 속성으로 가장 중요한 것은 '순환 변화'입니다. 한 해 한 해 흐르는 시간의 순환 리듬을 타고 농부도 봄에는 씨앗을 뿌리고 가을에는 결실을 합니다.

마찬가지로 대우주에도 생장生長과 성숙의 시간질서가 번갈아 찾아오는 큰 순환 주기가 있습니다. 이 시간대의 순환원리를 파악하는 것이 개벽이 오는 이치를 이해하는 핵심입니다.

생장염장生長斂藏의 네 시간대를 주재하시는 상제님

> ※ 나는 생장염장生長斂藏 사의四義를 쓰나니 이것이 곧 무위이화無爲以化니라. (道典 2:20:1)

생장염장은 '탄생·성장·성숙(결실)·휴식'을 뜻합니다. 우주의 생명 창조원리를 쉽게 풀이하면 '지구에 봄·여름·가을·겨울이 있는 것처럼 우주에도 1년 사계절이 있어서 우주의 통치자는 이 큰 주기의 변화 원리로 만물을 다스리고 또 인간을 성숙시켜 구원한다'는 것입니다.

증산도 안운산安雲山 태상종도사太上宗道師님께서는 이러한 우주 1년의 이치를 한 장의 그림으로 그려 주셨습니다.

우주 1년은 인류 문명이 탄생하고 성장하고 성숙하고 소멸하는 주기입니다. 마치 지상의 초목이 지구 1년 주기에 따라 봄에 싹을 틔우고 여름에 자라고 가을에 열매 맺고 겨울이 되면 죽은 듯 쉬는 것처럼, 인류 문명도 우주 1년이라는 커다란 주기에 따라 탄생·성장·성숙·소멸을 반복하는 것입니다.

우주의 봄(木)은 지금으로부터 약 5만 년 전에 시작되었습니다. 이 시기는 우리가 흔히 '시원시대'라고 일컫는, 문명이 처음 지상에 '태동하는 시기'입니다. 이 봄철 변화의 핵심은 '생生', 즉 하늘과 땅이 만물을 탄생시키는 것입니다.

우주의 여름(火)은 만물이 '분열·성장'하는 시간대입니다. 우주의 봄철에 화생化生한 생명이 진화를 거듭하며 더욱 다양해지고, 인류 문명 역시 여러 갈래로 분파되어 생장과 분열, 통합을 거듭하는 때입니다. '유·불·선·기독교'는 바로 우주 여름철의 종교입니다. 여름철에 우주에 꽉 찬 기운을 한마디로 불기운(火)으로 나타내는데, 이 기운을 타고 인간과 만물이 분열 성장하므로 우주의 여름철 변화 정신을 '장툱'이라 합니다. 우리는 바로 이 우주의 여름철 끝에 살고 있습니다.

우주의 가을(金)은 '통일의 시대'요, '성숙의 시대'입니다. 봄·여름 생장 과정 동안 가꾸어 온 모든 진액을 갈무리하는 결실의 시대입니다. 이때가 되어야 비로소 지상에 모든 인류의 꿈이 실현됩니다. 인류 문명도 완전히 성숙

우주 1년 : 선·후천 개벽 운동

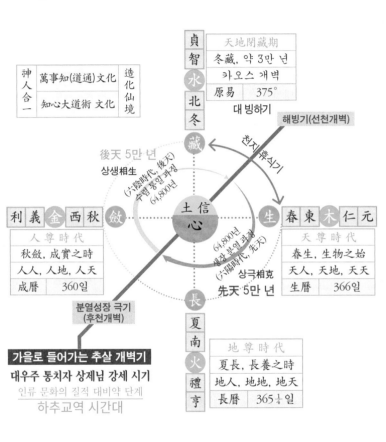

우주 변화의 원리_안운산 태상종도사님께서 우주론에 대한 깨달음의 정수를 도표로 그려 주셨다.

이 되어 지상에 대통일 문명의 선경낙원이 이루어집니다.

우주의 **겨울**(水)은 '빙하기'입니다. 지구가 얼음으로 뒤덮여, 인간을 비롯한 일체 생물이 생명 활동을 중지하는 때입니다. 다음 우주 1년 봄철의 탄생을 예비하기 위해 생명의 진액을 감추어 두는, 하늘과 땅의 휴식기 즉 '장藏'의 시간대입니다.

4대 개벽으로 천지의 계절이 바뀐다

우주의 사계절이 바뀔 때마다 일월의 운행 도수가 바뀌어 새로운 시공간이 열립니다. 이때 지상에는 인간의 상상을 초월하는 대변국이 일어납니다. 바로 이것이 천지의 시간 질서가 새롭게 열리는 개벽開闢의 정체입니다.

개벽의 '개開' 자와 '벽闢' 자는 두 글자 모두 '열린다'는 뜻입니다. 개벽의 어원은 천개지벽天開地闢인데, '천개天開'란 양기운(天氣)이, '지벽地闢'이란 음기운(地氣)이 새로 열리는 것을 의미합니다. 개벽이란 본래 매 순간순간 양기운과 음기운이 새롭게 열리며 분열과 통일을 반복하는 '우주의 모든 창조 운동'을 말하는 것입니다.

예를 들면 인간이 쉴 새 없이 들숨(吸)과 날숨(呼)을 반복하며, 매순간 새 생명의 질서를 창조해 나가는 것도 개벽 운동이고, 매일 아침 새 날이 밝아오고 저녁이 되면 어김없이 어둠이 밀려드는 것 역시 천지일월의 소개벽 운동입니다.

그런데 개벽 운동의 규모에 따라, 인간이 겪는 변화의 정도는 매우 다릅니다. 하루의 개벽 운동은 인간에게 수면과 활동이라는 주기에 영향을 주지만, 우주 1년의 계절 바뀜은 전 인류의 생사 문제와 세계 문명의 소멸·재탄생 문제와 직결됩니다.

우주의 봄철개벽은 인간이 지상에 화생化生하고 문명의 씨앗이 싹트는 탄생개벽입니다. 이것은 선천 시간대가 열리는 개벽이므로 흔히 '선천개벽'이라고도 합니다. 봄철에서 우주의 여름으로 넘어가는 개벽은 '성장개벽'이라 합니다.

그리고 우주의 가을이 열리는 개벽을 '후천개벽', '가을개벽' 혹은 '후천 가을개벽'이라 합니다. 봄·여름의 분열·발달 시대를 종결짓고 통일·성숙의 가을시대를 여는 개벽으로, 여름기운(火)과 가을기운(金)이 교역交易하며 엄청난 대변국이 일어나는 대개벽입니다.

우주의 통치자이신 상제님은 바로 이 여름과 가을의 교역기에 구원의 법도를 내려주시기 위해 지상에 강세하십니다. 인간으로 오신 상제님은 삼계 문명을 통일하여 보편적 인류 구원을 이루시고, 이 지상에 가을철 상생의 낙원 문명을 열어 놓으십니다. 한마디로 가을개벽은 지구촌 문명 대개벽이며 결실과 통일의 개벽입니다.

우주 1년을 마감하는 겨울개벽은 빙하가 지상을 뒤덮어 일체 생물이 지상에서 살 수 없는 '카오스(혼돈) 개벽'입니다.

이 4대 개벽 가운데 인간의 생사에 가장 큰 충격을 주는 개벽은 후천개벽입니다. 천지의 기운이 선천개벽 때는 음에서 양으로, 후천개벽 때는 양에서 음으로 완전히 바뀝니다. 선천개벽은 인간이 처음 생겨나는 때이므로 경험할 수가 없지만, 후천개벽은 인류가 살아서 겪는 개벽이기 때문에 그 충격이 너무나 큰 것입니다.

선천先天 5만 년, 후천後天 5만 년

우주 1년 사계절의 순환 주기를 지구 년으로 환산하면, 12만9,600년[一元數]입니다. 이 중에서 전반기 우주의 봄 여름 시간대 64,800년은 인간을 비롯한 뭇 생명이 태어나

129,600수는 천지인을 관통하는 음양변화의 기본 도수		
인간 人	1분 평균 호흡(양)수 18회x60분x24시간 =25,920회	1분 평균 맥박(음)수 72x60x24 =103,680회	25,920회+103,680회 =129,600회
지구 地	360도 자전운동	360일 공전운동	360도x360일 =129,600도
우주 天	360년	360회	360년x360회 =129,600년

고 성장하는 시기입니다.

반면에 후반기의 64,800년은 천지만물이 성숙하고 근본자리로 통일, 수렴되는 우주의 '가을·겨울'에 해당합니다.

이 중에서 인간이 실제로 지상에서 살 수 있는 기간은 '선천 5만 년'과 '후천 5만 년', 합해서 10만 년입니다. 12만9,600년 중 선천 5만 년과 후천 5만 년을 제외한 나머지 약 3만 년은 인간이 지상에서 살 수 없는 '우주의 겨울', 즉 빙하기입니다.

선천 상극相克시대, 후천 상생相生시대

우주의 주재자이신 증산 상제님은 선천에는 인간을 포함한 삼라만상을 탄생·성장시키기 위해 상극相克의 창조성을 쓰십니다. 그리하여 선천의 수많은 부조리와 인간의

선, 후천 특성 비교

선천先天	후천後天
양陽 시대, 분열, 발전 시대	음陰 시대, 통일, 수렴 시대
천지의 생장시대(인간 미완성)	천지의 성숙(인간 성숙)
상극시대	상생시대
영웅시대	성인시대
억음존양	정음정양
다종교 시대: 성자시대	단일의 대도 출현: 성부 강세
천존, 지존 시대	인존시대

타락은, 우주자연이 만물을 길러내는 과정에서 발생하는 어쩔 수 없는 숙명입니다. 그것은 상생을 향한 상극 질서의 과정인 것입니다.

> ✽ 선천에는 상극의 이치가 인간 사물을 맡았으므로 모든 인사가 도의道義에 어그러져서 원한이 맺히고 쌓여 삼계에 넘치매 마침내 살기殺氣가 터져 나와 세상에 모든 참혹한 재앙을 일으키느니라. (道典 4:16:2~3)

우주의 여름철이 되면 모든 분야가 세분화·다극화되어 학문도 점점 전문화되고, 종교 역시 오늘과 같은 다종교 시대로 발전합니다.

하지만 이 세상에 무한히 분열·발달하는 것은 없습니다. 여름철 말, 분열의 최극단에 이르면 통일의 새 기운이 움트고, 반대로 통일 수렴의 정점頂点에서 다시 분열 기운이 싹트는 것입니다. 마치 달(月)이 차면 기울고, 오르막이 다하면 다시 내리막이 있듯이 말입니다. 이처럼 선천의 도수度數가 다(盡)하면 후천의 통일도수가 필연적으로 밀려오게 되는 것입니다.

이때는 후천 가을개벽 시대

그러면 우리가 사는 이 시대는 우주의 어느 계절에 해당할까요?

❀ 이제 온 천하가 대개벽기를 맞이하였느니라. 내가 혼란키 짝이 없는 말대末代의 천지를 뜯어고쳐 새 세상을 열고 비겁否劫에 빠진 인간과 신명을 널리 건져 각기 안정을 누리게 하리니 이것이 곧 천지개벽天地開闢이라. (道典 2:42:1~4)

❀ 천지대운이 이제서야 큰 가을의 때를 맞이하였느니라. (道典 7:38:4)

상제님께서는, 오늘의 인류는 천지의 1년 중 생장 과정인 봄여름 선천 시대가 모두 끝나고, 통일과 결실의 후천 문명 시대로 막 전환하는 대변국기에 처해 있다고 선언하셨습니다. 지금은 바로 여름철 말, 후천 가을 대개벽기입니다.

상제님은 이때를 천지성공天地成功 시대 또는 천지개벽 시대라고 말씀하셨습니다. 이제 선천의 상극 우주를 바로잡으시는 상제님의 도권道權으로 천지는 정음정양의 새 질서로 성공하고, 인간의 마음은 새 차원으로 개벽되어 지구촌에는 상생의 통일 문명이 새롭게 펼쳐지는 시대를 맞게 됩니다.

2) 가을개벽: 지축 정립과 공전궤도 전환

동서양의 위대한 성자와 철인, 예지자들은 한결같이 지

구의 극이동을 가을 개벽기의 가장 큰 변국으로 말했습니다. 이것은 모두 우주의 개벽 현상을 말하는 것입니다. 증산 상제님은, 우주의 계절 변화는 '지구 자전축 경사의 변동과 지구 공전궤도의 변화'로 나타난다고 밝혀 주셨습니다.

> ※ 공부하는 자들이 '방위가 바뀐다'고 이르나니 내가 천지를 돌려놓았음을 세상이 어찌 알리요. (道典 4:152:1)

선천에는 지구 자전축이 현재와 같이 동북쪽으로 기울어져 있지만, 후천 가을에는 지구 자전축이 정남북 방향으로 정립합니다.

지구의 극이동과 더불어 지구 공전궤도도 변화합니다. 현재의 지구는 우주 여름철 궤도인 타원(1년의 날수는 365 1/4일)을 그리고 있습니다. 하지만 우주의 가을철에는 지구가 가장 이상적인 공전궤도인 정원궤도로 운행합니다. 1년의 날수도 정확히 360일이 됩니다. 그야말로 음양이 조화된 '신천신지의 새 세계'가 열리는 것입니다.

지구 자전축의 정립과 공전궤도의 변화는 순간적으로 지상에 엄청난 천재지변을 일으킵니다. 땅이 갈라지고, 바닷물이 육지를 삼키고, 화산이 폭발합니다. 이 재난과 함께 순식간에 수많은 생명이 영원한 죽음의 나락으로 떨어져 버리고 맙니다.

선악을 초월하여 인류에게 들이닥치는 자연개벽의 재앙은 선천 종교의 믿음으로 극복할 수 있는 문제가 아닙니다. 그러므로 우주를 통치하시는 상제님의 구원과 결실의 진리를 만나 우주 1년의 이치와 변화에 눈을 뜨고, 다가올 대변혁에 즉각 대처할 수 있도록 항상 깨어 있어야 합니다.

선후천 지축 변화도

선천 지축도(봄 · 여름)

후천 지축도(가을)

후천말 지축도(겨울)

2. 천지개벽의 정신

상제님이 집행하신 천지공사의 근본 정신은 원시반본·
보은·해원·상생입니다. 원시반본原始返本은 우주만유가 생
명의 근원으로 돌아가는 가을천지의 통일정신이며, 보은
報恩·해원解冤·상생相生은 원시반본을 실현하는 세계 구원
의 기본정신입니다.

❀ 하늘땅의 질서를 바로잡아 그 속에서 일어나는 신도
神道와 인사人事를 조화調和시켜 원시반본原始返本과 보은
報恩·해원解冤·상생相生의 정신으로 지나간 선천 상극先天
相克의 운運을 끝막고 후천 새 천지의 상생의 운수를 여
시니라. (道典 5:1:1~6)

1) 뿌리를 바로세우는 원시반본原始返本의 도

가을개벽기 생사판단의 근본 주제, 원시반본

❀ 이때는 원시반본原始返本하는 시대라. (道典 2:26:1)

상제님은 오늘날 지구촌이 당면하고 있는 모든 문제의

근본적 해결 방안으로 원시반본을 말씀하셨습니다. 원시반본이란 선천개벽 후 인류사에 엉켜 있는 일체의 문제를 근원부터 바로잡는 것입니다. 다시 말하면 지금은 천지의 시운이 생장(분열)시대를 종결짓고 통일(완성, 무극) 운동을 시작하는 대전환

분열생장

통일성숙, 원시반본

낙엽귀근_물이 생명의 근원(뿌리)으로 돌아감.

기로 들어섰기 때문에, 모든 문제를 그 '시원 자리(原始)로 되돌려서(返本) 끌러내는 것'입니다. 그러므로 원시반본은 상극의 질서를 끝맺는 구원의 절대정신이며, 가을개벽의 생명 원리라고 할 수 있습니다.

한 그루의 나무도 원시반본의 이치를 벗어나지 않습니다. 이름 없는 조그마한 풀도 싹이 돋아나고 꽃이 피는 봄·여름철 동안은 뿌리의 진액(水氣)이 이파리 끝까지 뻗어갑니다. 하지만 가을이 되면 진액이 모두 뿌리로 되돌아오고, 이파리도 땅에 떨어져 뿌리로 돌아가, 새 생명을 창조하는 밑거름이 됩니다(落葉歸根). 이처럼 가을 개벽기에는 원시반본이 생명과 구원의 절대 정신입니다.

조상과 민족의 혈통줄을 바로잡으심

나의 몸은 부모와 조상으로부터 받은 것입니다. 천상의 조상은 지상 자손의 생명의 뿌리입니다. 그러므로 지상의 자손이 천상의 조상을 부정하는 것은 마치 나무의 열매가 뿌리를 부정하는 것과 같습니다. 상제님은 원시로 반본하는 가을 개벽기에 조상을 부인하거나 박대하는 자는 살 기운을 받기 어려울 것이라고 준엄하게 경계하셨습니다.

❋ 자손이 선령을 박대하면 선령도 자손을 박대하느니라.
　　(道典 2:26:6)

❋ 이제 인종 씨를 추리는 후천 가을 운수를 맞아, 선령신
　을 박대하는 자들은 모두 살아남기 어려우리라.
　　(道典 2:26:8)

상제님은 또 국조國祖를 배반하고 부정하여 원시반본의 천리를 거스르는 사람은 살아남기 어렵다고 강하게 경계하셨습니다.

❋ 혈통줄이 바로잡히는 때니 환부역조換父易祖하는 자와
　환골換骨하는 자는 다 죽으리라. (道典 2:26:2)

❋ 조선국 상계신上計神(환인) 중계신中計神(환웅) 하계신下計
　神(단군)이 몸 붙여 의탁할 곳이 없나니 환부역조하지
　말고 잘 받들 것을 글로써 너희들에게 경계하지 않을
　수 없노라. (道典 5:347:16)

역사의 뿌리를 잃어버리고, 국조가 누구인지도 알지 못
하는 한민족이 깊이 새겨야 할 소중한 말씀입니다.

지구촌 각 민족문화의 원시반본

지구촌의 각양각색 문화도 원시반본하여 하나로 통일
됩니다. 그러나 후천의 통일문명이 열려도 세계 각 민족의
고유문화는 사라지지 않고 그대로 계승, 발전됩니다.

원시반본의 개벽정신은 앞으로 지구촌 통일문화 시대
에 세계가 조화를 이루며 살 수 있게 하는, 평화의 근본원
리이자 통치 원리입니다. 후천에는 지금처럼 강대국이 약
소민족을 핍박하고 고유문화를 말살하는 상극 행위는 있
을 수가 없습니다.

상제님은 모든 민족이 각기 독자적으로 나라를 세울 수
있도록 개벽공사로써 그 운수를 열어 주시고, 상생의 새
질서 속에서 세계 통일 문명을 꽃피우게 될 것을 이렇게
노래하셨습니다.

※ 文明開化三千國이오 道術運通九萬里라
　　문 명 개 화 삼 천 국　　　도 술 운 통 구 만 리
　가을의 새 문명은 삼천 나라로 열려 꽃피고
　도술 문명의 대운은 우주 저 끝까지 통하리라.

(道典 5:306:6)

후천 통일세계의 주도권이 동방 한국으로

❀ 우리나라 문명을 세계에서 배워 가리라. (道典 5:11:6)

❀ 장차 조선이 천하의 도주국道主國이 되리라.
   (道典 7:83:8)

앞으로 원시반본 섭리에 따라 인류 창세 문화의 주인인 한민족이 전 인류를 지도하는 스승이자 종주가 됩니다.

상제님께서는 한민족이 상제님의 도법으로 세계를 구원하도록 대개벽 공사를 집행하셨습니다. 지구촌 통일문화를 열어 주는 개벽의 도道를 집행함으로써 대한민국이 세계의 일등국 자리에 앉게 됩니다.

종교 · 과학 · 철학의 원시반본

인류 문명이 처음 태동할 때에는 본래 종교와 과학과 철학의 구분이 따로 없었습니다. 시대가 흘러 사람들이 동서남북 사방으로 이동을 하고, 각기 정착한 지역의 환경에 따라 사고가 바뀌고 사물을 관찰하는 방법을 달리 하면서, 종교는 종교대로 과학은 과학대로 철학은 철학대로 발전한 것입니다. 원시반본의 정신에 따라 종교와 과학과 철학은 그 근본 종지宗旨가 바로잡혀 상제님의 도법道法으로 통일됩니다.

❀ 후천은 온갖 변화가 통일로 돌아가느니라. (道典 2:19:7)

후천 가을 문명은 진리의 뿌리로 돌아가는 대통일 문명입니다. 상제님의 진리로 선천의 동서 종교를 모두 수용하고, 과학기술 문명을 도술 문명 차원으로 끌어올려 지구촌 낙원문명이 건설됩니다.

군사위君師位가 하나로

❋ 옛적에는 신성神聖이 하늘의 뜻을 이어 바탕을 세움繼天立極에 성웅이 겸비하여 정치와 교화를 통제관장統制管掌하였으나 중고中古 이래로 성聖과 웅雄이 바탕을 달리하여 정치와 교화가 갈렸으므로 마침내 여러 가지로 분파되어 진법眞法을 보지 못하였나니 이제 원시반본이 되어 군사위君師位가 한 갈래로 되리라. 앞세상은 만수일본萬殊一本의 시대니라. (道典 2:27:2~5)

태고 시대에 종교와 정치는 둘이 아니었으나 점차 분리되었습니다. 후천에는 원시반본의 정신에 따라 정치의 통치권(君位)과 종교의 교화권(師位)이 하나로 통일됩니다. '자아완성과 지상낙원 건설'이라는 모든 종교의 궁극 이상과 '치국평천하治國平天下'라는 정치의 소망이 증산 상제님이 집행하신 세계 문화 통일공사에 따라 한치의 오차도 없이 실현되고 있습니다.

2) 은혜에 반드시 보은報恩하라

반술 밥의 은혜라도 보답하라

❀ 우리 공부는 물 한 그릇이라도 연고 없이 남의 힘을 빌리지 못하는 공부니 비록 부자 형제간이라도 헛된 의뢰를 하지 말라. 밥을 한 그릇만 먹어도 잊지 말고 반 그릇만 먹어도 잊지 말라. '일반지덕一飯之德을 필보必報하라.'는 말이 있으나 나는 '반반지은半飯之恩도 필보하라.' 하노라. (道典 2:28:1~3)

'보은報恩'이란 받은 은혜에 보답하는 것입니다. 사람은 누구나 부모, 스승, 친구 등 수많은 사람과의 관계 속에서 숱한 은혜를 입으며 살아갑니다. 크고 작은 은혜에 늘 진실로 감사하고 보은하는 생활을 하게 되면, 마음 깊숙한 곳에서 모든 고난을 극복할 수 있는 새로운 생명의 힘이 솟아남을 느낄 수 있습니다.

선령신의 음덕을 중히 여기라

❀ 부모를 경애하지 않으면 천지를 섬기기 어려우니라. 천지는 억조창생의 부모요, 부모는 자녀의 천지니라.
  (道典 2:26:4~5)

부모와 조상은 자손에게는 하늘이요 땅입니다. 부모님과 조상님의 은덕을 입지 않고는 그 누구도 인간의 몸을 빌려 이 세상에 태어날 수 없습니다.

> ✸ 하늘이 사람을 낼 때에 무한한 공부를 들이나니 그러
> 므로 모든 선령신先靈神들이 쓸 자손 하나씩 타내려고
> 60년 동안 공을 들여도 못 타내는 자도 많으니라. 너
> 희는 선령신의 음덕을 중히 여기라. (道典 2:119:1~4)

조상님들은 이 땅에 자손 줄을 타내기 위해 숱한 공력
을 들이시고, 또한 그 자손을 척신과 복마의 발동으로부
터 지켜 주시고 생명의 길로 인도하는 '보호성신'의 역할
도 하십니다. 매순간 자손을 위해 지극한 정성을 다하고
계시는 것입니다.

제사는 천지의 덕에 합하는 것

우리나라는 예로부터 조상신을 공경하는 세계 제일의
제사문화가 발달했습니다. 살아서 부모님께 효도를 하고
정성을 다해 봉공하듯이, 먼저 떠나신 천상의 조상님들께
더 큰 효도와 봉공을 하는 제사야말로, 한민족의 가장 자
랑스러운 문화입니다.

> ✸ 사람이 조상에게서 몸을 받은 은혜로 조상 제사를 지
> 내는 것은 천지의 덕에 합하느니라. (道典 2:26:10)
> ✸ 신神은 사람 먹는 데 따라서 흠향歆饗하느니라.
> (道典 4:144:5)

제삿날은 조상이 인간의 몸을 벗고 신명으로 새로 태어난 날입니다. 마치 살아 있는 사람의 생일과 같습니다. 그래서 제삿날이나 명절 때가 되면, 천상의 모든 조상들이 기쁜 마음으로 지상의 자손 집을 친히 방문하여 정성껏 마련한 제사 음식을 '흠향歆饗'하시며 자손과 천륜天倫의 즐거움을 함께 나누십니다.

조상과 자손이 함께 구원받는 신인합발의 도

❀ 선령의 음덕蔭德으로 나를 믿게 되나니 음덕이 있는 자는 들어 왔다가 나가려 하면 신명들이 등을 쳐 들이며 '이 곳을 벗어나면 죽으리라' 이르고 음덕이 없는 자는 설혹 들어왔을 지라도 이마를 쳐 내치며 '이 곳은 네가 못 있을 곳이라.' 이르느니라. (道典 2:78:3~5)

상제님의 이 말씀처럼, 조상신의 인도로 지상의 자손이 상제님의 진리를 만나 신앙하는 운수가 열리게 됩니다. 그러나 조상의 음덕이 좀 부족하더라도 지상의 자손이 일심으로 도를 잘 닦으면 천지가 감동하여 천상의 조상님까지 구원의 길로 인도할 수 있습니다.

지금은 조상의 음덕으로 성장해 온 지상의 자손이 천상의 조상을 구원하는 때입니다. 땅의 자손이 개벽기에 살지 못하면 자손의 뿌리인 하늘의 조상신도 함께 죽어 없어집니다. 왜 그런 것일까요?

이에 대해 안운산 태상종도사太上宗道師님은 "자손은 조상이 호흡하는 숨구멍이다. 알기 쉽게 말해서 나무도 이파리를 다 뜯어버리면 숨구멍이 막혀서 죽어버리지 않는가. 그 이파리, 지엽이 바로 자손이다"라고 말씀해 주셨습니다.

자손이 조상님을 지극정성으로 잘 받들고 조상을 위해 기도와 수도를 꾸준히 하면, 조상님을 후천선경으로 인도할 수 있습니다. 자손의 일심이야말로 조상과 함께 구원받아 열매 맺을 수 있는 진정한 보은의 길인 것입니다.

근본에 보답하라

상제님께서는 인간으로서 자신이 받은 은덕을 저버리는 불의不義한 자는 만 번 죽어도 마땅하다는 뜻에서 '배은망덕만사신背恩忘德萬死身'이라고 경책하셨습니다.

가을의 정신은 정의입니다. 가을은 온갖 불의를 바로잡아 의義의 푯대를 세우는 때입니다. 그러므로 인종 씨를 추리는 가을 개벽기에 생명의 열매를 맺고 상생의 새 세계로 들어서려면 반드시 의로써 근본(천지 자연, 상제님, 스승, 부모와 조상)의 은혜에 보답해야 합니다.

◎ 이도경세以道耕世하고 이의보본以義報本하라.

도로써 세상을 밭 갈고, 의로써 근본 은혜에 보답하라.

(안운산 증산도 태상종도사님 말씀)

3) 인류의 원한을 씻어내는 해원解冤의 도

증산 상제님은 가을개벽을 맞이한 이때, 상생을 실현하기 위해서는 척隻을 짓지 말아야 한다고 하셨습니다. 그리하여 후천선경을 여는 정신으로 해원解冤을 강조하셨습니다.

해원解冤이란 글자 그대로 '원한을 푼다'는 뜻입니다. 증산 상제님은 수수천 년 동안 쌓여 온 원한의 응어리가, 이시대를 쩌 누르고 있는 살기와 재앙의 뿌리라고 말씀하셨습니다.

> ❀ 원래 인간 세상에서 하고 싶은 일을 하지 못하면 분통이 터져서 큰 병을 이루나니 …. (道典 4:32:1)

이제까지 모든 인간은 풀 길 없는 한恨을 맺고 죽어 갔습니다. 남에게 음해를 당하여 억울하게 죽은 사람, 굶어 죽은 사람, 전쟁에 끌려가 무참하게 죽은 사람, 세상을 바로잡으려다가 역적으로 몰려 죽은 사람 등 수억조의 사연으로 원통하게 죽은 사람들이 천상에서 원신冤神(원한 맺은 신명)으로 화하였습니다. 그리하여 이들 원신이 뿜어내는 살기가 인간의 영혼을 죄로 물들이고 역사의 길목마다 복수와 파괴의 피를 뿌렸습니다.

이제는 원한의 병독病毒이 천지에 흘러넘쳐 선천 성자

들의 가르침으로는 더 어찌해 볼 도리가 없는 한계 상황에 이르고 말았습니다. 이에 원시의 모든 신성과 불타와 보살들이 성부 하느님이신 상제님이 강세해 주실 것을 간곡히 탄원하자, 상제님께서 이를 차마 물리치지 못하시고 동방 한국 땅에 오시어 해원의 대도를 펼치신 것입니다.

> ❋ 이제 예로부터 쌓여 온 원冤을 풀어 그로부터 생긴 모든 불상사를 소멸하여야 영원한 화평을 이루리로다.
>
> (道典 4:16:1)

해원은 과거 선천 종교와는 차원이 전혀 다른 새로운 인류 구원의 법방입니다.

4) 가을철 통일 시대를 여는 상생相生의 대도

증산 상제님은 새 세계를 열기 위해 신명 해원을 시키시고 상극 질서를 상생의 새 질서로 뜯어고치셨습니다.

지금까지는 지축이 기울어져 천지의 환경이 불완전했습니다. 한마디로 상극의 환경이었습니다. 그래서 인간도 상극 질서에 갇혀 몸부림쳐야 했습니다. 하지만 증산 상제님께서 하늘도 뜯어고치고 땅도 뜯어고치는 조화 권능으로, 선천 상극의 운수를 후천 상생의 운수로 돌려놓으셨습니다.

> ✸ 이제 천지도수를 뜯어고치고 신도神道를 바로잡아 만
> 고의 원을 풀며 상생의 도로써 … 세상을 고치리라.
> (道典 4:16:4~7)

앞으로 불완전한 상극 환경을 조성했던 지축이 바로 서
게 되면, 인류의 보편적 구원이 이루어지는 상생 문화가
지상에 꽃피게 됩니다.

> ✸ 내 도는 곧 상생이니, 서로 극剋하는 이치와 죄악이 없
> 는 세상이니라. 앞 세상은 하늘과 땅이 합덕(天地合德)
> 하는 세상이니라. 이제 천하를 한집안으로 통일하나니
> 온 인류가 한가족이 되어 화기和氣가 무르녹고 생명을
> 살리는 것을 덕으로 삼느니라. (道典 2:19:1~5)
> ✸ 우리 일은 남 잘되게 하는 공부니 남이 잘되고 남은
> 것만 차지하여도 우리 일은 되느니라. (道典 2:29:1)

'상생'이란 간단히 말해서 모든 인류가 하느님의 마음
이 되어 생명을 살리는 것을 덕으로 삼아, 서로 잘되게 하
는 것입니다. 이 세상에서 남 잘되게 해 주는 것보다 더 큰
은덕이 어디에 있겠습니까?

그런데 우리가 명심해야 할 것이 있습니다. 상제님이 상
생의 새 세상을 여는 천지공사의 기반을 마련했다고 해도
이 땅에 사는 인류가 상제님의 진리에 따라 지상에 상생

문화를 적극적으로 열지 않는다면 아무런 소용이 없다는 것입니다.

상생, 생명을 살리는 길

가을 개벽기에는 '죽느냐 사느냐' 하는 생존 문제가 걸려 있습니다. 가을철에는 자연개벽·문명개벽·인간개벽이라는 세벌 개벽이 총체적으로 일어납니다. 상제님께서는 "동서남북이 바뀔 때는 천동지동天動地動이 일어나고 송장이 거꾸로 서며 불도 켜지지 않으리니 … "(道典 7:24:2)라고 하셨습니다. 이런 급박한 상황에서는 생존 자체가 지상 과제가 됩니다.

상생相生은 단순히 천지 이법으로 실현되는 것이 아닙니다. 죽어가는 생명을 적극적으로 살려내는 실천이 더욱 중요합니다.

❋ 너희들은 손에 살릴 생生 자를 쥐고 다니니 득의지추得意之秋가 아니냐. (道典 8:117:1)

❋ 사람을 많이 살리면 보은줄이 찾아들어 영원한 복을 얻으리라. (道典 5:412:5)

가을 개벽기에는 상제님의 도법을 전수 받은 도인(일꾼)들이 상제님의 생명의 구원법으로 사람을 살리게 됩니다. '상생'은 우주의 열매로 여무는 성숙의 길이며 도통道通

의 길이며, 영생을 약속하는 생명의 길입니다. 남 잘되게 하는 상생의 질서는 가을의 대통일을 실현하는 지구촌의 새 문화요, 새 시대를 사는 삶의 제1 원리입니다.

3. 역사를 창조하는 보이지 않는 신의 손길

1) 우주의 가을철 추수신(西神), 증산 상제님

우주의 봄여름에는 사람이 나서 성장하고, 우주의 가을이 되면 비로소 성숙한 인간 즉 우주의 인간 열매가 됩니다.

그래서 우주 가을이 임박하면, 절대자 하느님께서는 반드시 인간으로 강세하셔서 친히 인류를 구원하고 성숙시키는 대도를 열어 주십니다. 천지의 가을철에 창조의 결실을 추수하시기 위해 인간으로 오시는 이때의 상제님을, '구원과 심판의 신, 추수와 성숙의 신'이라는 뜻으로 서신西神이라고도 합니다. 동양의 우주론에서 서쪽은 오행으로 금金이고, 금金은 색으로는 흰색, 계절로는 열매 맺는 가을을 상징합니다. 그래서 서신으로 불리며 후천 가을 문명을 여시는 하느님은 기독교 계시록에서 백보좌 하느님으로 표현되어 있습니다. 중앙아시아와 몽골에도, 사람들이 하느님을 잃어버린 때에 '흰 불칸Burkhan'이 와서 사람들을 영적으로 재탄생시킨다는 신화가 전해 내려옵니다.

> ❀ 서신西神이 명命을 맡아 만유를 지배하여 뭇 이치를 모
> 아 크게 이루나니 이른바 개벽이라. (道典 4:21:2)

즉, 선천 말대 세계의 대심판과 후천 가을의 결실은 신
神의 손길로 이루어진다는 말씀입니다. 후천 가을의 문명
개벽은 서신으로 오시는 절대자, 증산 상제님에 의해 비
로소 완성됩니다.

2) 신명과 인간이 함께 이루는 후천개벽

인류가 선천 세상에서 후천 가을 세계로 넘어가는 때의
변화는 단순히 우주의 변화법도 차원의 문제가 아닙니다.
이것은 우주변화 원리(理)와 천상 신도神道 세계, 그리고 이
두 힘을 바탕으로 전개되는 지상의 인사人事(인류 역사)가 뒤
얽힌 종합적인 문제입니다.(이신사理神事 법칙)

> ❀ 천하의 모든 사물은 하늘의 명命이 있으므로 신도神道
> 에서 신명이 먼저 짓나니 그 기운을 받아 사람이 비로
> 소 행하게 되느니라. (道典 2:72:2~3)
> ❀ 귀신(神)은 천리天理의 지극함이니 … . (道典 4:67:1)

이제 인류는 신명神明 세계를 알아야 합니다. 천지만물
에는 신이 깃들어 있습니다. 상제님은 세상만사의 사건

전개도 이들 신의 조화작용이 개입되어 일어나는 것이라
고 말씀해 주셨습니다.

＊ 풀잎 하나라도 신이 떠나면 마르고 흙 바른 벽이라도
  신이 떠나면 무너지고, 손톱 밑에 가시 하나 드는 것도
  신이 들어서 되느니라. (道典 4:62:5)

그렇다면 신명이란 무엇이며 인간이 죽으면 올라가는
신도 세계는 어떤 세계일까요?

3) 천상 신명神明 세계

인간의 삶과 죽음의 질서

❀ 사람에게는 혼魂과 넋(魄)이 있어 혼은 하늘에 올라가 신神이 되어 제사를 받다가 4대가 지나면 영靈도 되고 혹 선仙도 되며, 넋은 땅으로 돌아가 4대가 지나면 귀鬼가 되느니라. (道典 2:118:2~4)

죽음이란 우리의 몸속에 있는 정기精氣가 소진되어, 영혼과 육신이 분리되는 사건을 말합니다.

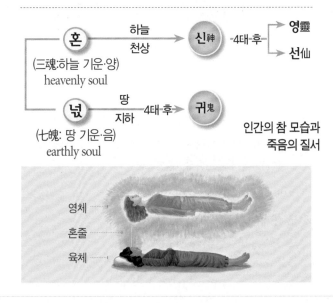

혼 (三魂:하늘 기운·양) heavenly soul → 하늘 천상 → 신神 → 4대·후 → 영靈 / 선仙

넋 (七魄: 땅 기운·음) earthly soul → 땅 지하 → 4대·후 → 귀鬼

인간의 참 모습과 죽음의 질서

영체
혼줄
육체

❀ 사람의 죽음길이 먼 것이 아니라 문턱 밖이 곧 저승이
　니라. (道典 4:117:10)

상제님은, 인간이 하늘과 땅의 조화로 태어나 혼魂과 넋
[魄]이 있다고 하셨습니다. 또 죽음의 질서에 들어가면 '하
늘 기운으로 생성된 혼은 하늘로 돌아가 신神이 되고, 땅
기운으로 생성된 넋은 땅으로 돌아간다'고 하셨습니다.
그러므로 죽음이란 인간의 생명이 분리되어 하늘과 땅으
로 되돌아가는 대사건입니다.

여기서 신은 빛과 같이 밝은 광명의 존재이므로 상제님
께서는 즐겨 '신명神明'이라 부르셨습니다. 신명은 천상 신
명계에서 생활하면서 4대가 지나면 영적 진화의 경지에
따라 영靈 혹은 신선神仙으로 변모합니다. 그리고 넋[魄]은
육신과 함께 땅 속 무덤에 머무르다가 4대가 지나면 귀鬼
로 변모합니다. '귀신'은 바로 이 '신神'과 '귀鬼'를 합한 이
름입니다.

아홉 하늘로 이루어진 천상 신명 세계

죽어서 저승으로 간 신명은 각기 비슷한 생활환경이나
의식구조를 가진 신명끼리 모여서 살아갑니다. 지상에서
경제수준, 신앙, 취미 등이 유사한 사람끼리 모여서 생활
하는 것과 꼭 같습니다. 신명계에서도 불교인은 불교인끼
리 기독교인은 기독교인끼리 모여 살고, 강도는 강도끼리

그룹을 지어 살아갑니다.

이렇게 다양한 신명들이 각기 그룹을 지어 살다보니, 자연히 신명계는 영적 수준에 따라 여러 계층이 생기게 됩니다. 신명계는 천국과 지옥 두 곳으로만 구별되는 단순한 세계가 아니라, 오히려 인간계보다 훨씬 복잡하고 다양한 구조를 띱니다.

증산 상제님은 신명계가 영적 수준의 높고 낮음에 따라 '종縱적으로 크게 9천'으로 펼쳐져 있다고 밝혀 주셨습니다.

❋ 하루는 김송환이 여쭈기를 "하늘 위에 또 하늘이 있습니까?" 하니 대답하여 말씀하시기를 "있느니라." 하시고 또 여쭈기를 "그 위에 또 있습니까?" 하니 말씀하시기를 "또 있느니라." 하시고 이와 같이 아홉 번을 대답하신 뒤에 "그만 알아 두라." 하시니라. (道典 4:117:3~5)

이처럼 9천의 신명계는 1천인 지옥과 2층인 연옥, 그리고 3층 아스트랄계와 4층 순미純美의 세계를 비롯하여, 유교·불교·기독교 등 기성종교 문명권이 있는 6·7층, 그리고 우주의 최고 주재자이신 증산 상제님께서 선천시대 동안 임어해 계시는 9천인 옥경玉京으로 나뉘어 있습니다.

죽은 후에 인간은 이 지상에서 각기 닦은 공덕과 정신세계의 수준에 따라, 9천의 신명계 중에서 자신에게 알맞는 곳에서 집단을 이루어 살아갑니다. 저층으로 내려갈수록 의식수준이 낮고 이기적이며 자기중심적인 신명이 모여 살고, 상층으로 올라갈수록 사고의 경계가 우주적 차원으로 확대되어 천지와 더불어 심법心法을 함께 하는 성신聖神이 살고 있습니다(종적으로 9천으로 나누어지는 신명계는 횡橫적으로는 33천으로 펼쳐져 있습니다).

천상 신명들의 호칭

신명들은 하는 일과 특성에 따라서 호칭이 달라집니다. 신명 세계에 대한 이해를 돕기 위해, 증산 상제님이 호칭하신 신명의 이름을 몇 가지만 알아보기로 하겠습니다.

하늘에서 살고 계신 우리들의 조상을 선령신先靈神이라 하고, 선령신 중에 자손을 둔 신을 황천신黃泉神, 자손을 못 둔 신을 중천신中天神이라 부릅니다. 자손을 태워 주는 황천신黃泉神을 특별히 삼신三神이라고도 합니다.

천상 신명세계에도 군대조직이 있는데 이 천상의 군병을 신병神兵이라 합니다. 괴질병을 맡은 신명은 괴질신장, 도로를 닦는 신명은 치도신장治道神將, 인간세계에서 제왕과 대통령을 지냈던 신명은 천자신天子神 또는 황극신皇極神, 오늘날의 장관이나 재상의 지위에 있던 신은 장상신將相神이라 합니다.

원한을 맺고 죽은 신은 원신冤神이며, 이 원신 중에서도

가해자와 그 후손들에게 원한을 앙갚음하기 위해 붙어 다니는 신은 척신隻神이라 합니다.

❋ 세상의 모든 참사가 척신이 행하는 바이니라. 삼가 척을 짓지 말라. (道典 3:188:10~11)

그리고 우리를 보살펴 주는 성신을 보호신명이라 합니다.

❋ 사람마다 그 닦은 바와 기국器局에 따라서 그 임무를 감당할 만한 신명이 호위하여 있나니 …. (道典 4:154:1)

또한, 민족을 보호하여 수호하는 신을 지방신地方神이라 합니다. 지방신은 천상과 지상에서 일정한 영역을 맡아서 한 민족만을 교화하고 지도하는 그 민족의 주재 신명입니다.

세계 각 민족의 지방신은 원래 그 민족의 형성 초기에 지도자로 다녀갔던 인물로서 인격신입니다. 야훼는 유대 민족을 주재하는 지방신입니다. 일본 민족의 운명을 주재하는 지방신은 천조대신이고, 중국 민족의 주재신은 반고이며, 조선 민족을 주재하는 지방신은 환인·환웅·단군왕검입니다. 이와 같이 세계 각 민족의 운명을 돌보며 보호하는 지방신이 독립적으로 천상에 실존하고 있습니다.

사람의 마음자리에 따라 드나드는 신명

천지만물의 조화와 기적이 모두 마음자리에서 일어나고, 천지의 모든 성신들도 사람의 마음자리에 응하여 드나듭니다.

❀ 마음이란 귀신이 왕래하는 길이니, 마음속에 성현을 생각하면 성현의 신이 와서 응하고, 마음속에 영웅을 생각하고 있으면 영웅의 신이 와서 응하며, 마음속에 장사를 생각하고 있으면 장사의 신이 와서 응하고, 마음속에 도적을 생각하고 있으면 도적의 신명이 찾아와 응하느니라. 그러므로 천하의 모든 일의 길흉화복 吉凶禍福이 스스로의 정성과 구하는 바에 따라서 얻어지는 것이니라. (道典 4:89:7~12)

탐욕이 마음속에 타오르는 자는 적신賊神(도적 신명)이 뛰어들어 도적질을 하게 되고, 사곡邪曲한 마음을 품으면 사신邪神이 들어 영과 육을 더럽힙니다.

마음자리에 따라 해당하는 신명이 드나들기에 상제님은 "마음 지키기가 죽기보다 어려우니라. 사람 마음이 열두 가지로 변하나니 오직 송죽松竹처럼 한 마음을 잘 가지라"(道典 8:6:1~2)라고 하시며, 일심법을 생활화할 것을 당부하셨습니다.

4. 지상 인간계와 천상 신명계의 상호관계

인간과 신명은 손바닥의 앞뒤와 같이 일체관계를 맺고 상호작용하며 역사를 창조해 가고 있습니다.

1) 윤회의 실상

천상의 죽음은 지상의 탄생

❀ 생유어사生由於死하고 사유어생死由於生하니라.
삶은 죽음으로부터 말미암고, 죽음은 삶으로부터 말미암느니라. (道典 4:117:13)

인간이 죽으면 신神으로 태어나 천상에서 새 삶을 살아갑니다. 반대로 지상에 인간의 몸을 받아 다시 태어나면 천상에서 신으로서 삶을 끝내게 됩니다.

선천 봄여름은 분열·성장 과정입니다. 그래서 인간은 후천 가을에 우주의 열매, 우주의 참 주인이 되기 위해 신명계와 인간계를 오가며 공부를 합니다. 윤회를 하는 목적이 여기에 있습니다. 그런데 우주의 가을이 되면 윤회의 사슬이 끊어집니다. 가을은 인간이 성숙하여 열매 맺는 수렴의 때이기 때문에 윤회를 더 할 필요가 없어지는 것입니다. 영원히 윤회를 한다는 가르침은 우주론의 빈곤에서 나온 결과입니다.

가을 개벽기에는 영원한 생명과 영원한 죽음, 즉 소멸이 판가름 나게 됩니다. 증산 상제님은 가을철 영혼의 생사 문제를 다음과 같이 밝혀 주셨습니다.

❀ 악한 자는 가을에 지는 낙엽같이 떨어져 멸망할 것이요, 참된 자는 온갖 과실이 가을에 결실함과 같으리라. (道典 2:43:6)

❀ 도道를 잘 닦는 자는 그 정혼精魂이 굳게 뭉쳐서 죽어서 천상에 올라가 영원히 흩어지지 아니하나, 도를 닦지 않는 자는 정혼이 흩어져서 연기와 같이 사라지느니라. (道典 9:76:1~2)

우주의 가을철에는 열매 진리인 상제님의 도법을 만나서 각기 닦은 대로 성숙하여 불로장생不老長生을 누리게 됩니다.

2) 지상에서 이루어지는 가을우주의 결실 문명

우리가 살고 있는 지구[坤]는 우주 신명계의 핵심 공간으로, 모든 신명을 성숙시키는 조화의 중심입니다. 일반적으로 천상에서 수행하는 것보다 인간으로 와서 지상에서 공부하면 영적 진보가 훨씬 빨리 이루어집니다.

또 하나 중요한 것은, 우주문명의 최고 이상향도 천상이 아니라 지상에서 이루어진다는 사실입니다. 즉, 지상세계가 없으면 천상 신명세계도 그 존재 의미와 가치가 없는 것입니다. 그래서 석가는 '지상에서 이루어지는 미륵부처님의 용화세계'를 전하였고, 예수는 "아버지 하느님의 뜻이 땅에서 이루어지기"를 기도한 것입니다.

5. 인류를 파멸로 몰고 가는 원과 한

1) 인류 비극의 원인

선천에는 지축이 동북으로 기울어져서 3양 2음으로 음양이 부조화된 환경이 조성되었습니다. 천지가 양陽 중심의 질서로 둥글어 가기 때문에 그 속에서 태어나 살아가는 모든 인간의 생각도 하늘 중심, 남성 중심으로 비뚤어졌습니다. 그리하여 힘과 패권이 가치의 우위를 차지하고 있습니다.

선천시대의 모든 종교·정치·경제 질서도 상극의 대립과 배타성을 가지고 발전해 갑니다. 이 과정에서 인간의 이해관계가 서로 얽히고 부딪쳐 미움과 증오가 싹트고, 마침내 깊은 원한을 맺게 되는 것입니다.

❋ 원래 인간세상에서 하고 싶은 일을 하지 못하면 분통이 터져서 큰 병을 이루나니 (道典 4:32:1)

인간은 본래 소망을 가진 존재입니다. 미래의 꿈을 향한 뜨거운 소망은 삶의 추진력입니다. 하지만 이 꿈이 외부 환경이나, 운명의 마력 또는 자신의 실책 때문에 좌절되면, 부풀던 바람(願)은 곧 원한寃恨으로 돌변하게 됩니다.

이 원한이 분노와 복수심으로 화하면서 마음의 평온을 허물어 버리고, 나아가서는 이 세상의 평화를 파괴하게 됩니다. 증산 상제님은 인간의 마음속에 뿌리박힌 원한이, 오늘의 세계를 저주와 싸움의 각축장으로 만들었다고 하셨습니다.

> ※ 선천은 상극相克의 운運이라. 상극의 이치가 인간과 만물을 맡아 … 천하를 원한으로 가득 채우므로, … 큰 화액禍厄이 함께 일어나서 인간세상이 멸망당하게 되었느니라. (道典 2:17:1~4)

2) 원한이 던지는 충격

한 사람의 원한이 능히 천지 기운을 막는다

> ※ 상제님께서 49일을 한 도수로 계속하여 동남풍을 불리실 때 미처 기한이 다 차기도 전에 먼 곳에서 한 여인이 찾아와 자식의 병을 고쳐 주십사 애걸하거늘 상제님께서 공사에 전심하고 계시므로 병욱이 상제님께 아뢰지 못하고 돌려보내니 그 여인이 한을 품고 돌아가매 갑자기 동남풍이 그치는지라 상제님께서 이 사실을 아시고 급히 그 여인에게 사람을 보내어 공사에 전

심하심으로 인해 미처 대답지 못한 사실을 말하여 안심하게 하시고 곧 자식의 병을 고쳐 주시니 즉시 바람이 다시 일어나거늘 "한 사람의 원한이 능히 천지 기운을 막는다." 하시니라. (道典 5:53:10~16)

불평 줄이 붙은 한 사람의 원한도 천지기운을 막는데, 하물며 이보다 몇 백 배, 몇 천 배 강렬한, 뼈에 사무치는 원한의 충격은 어떻겠습니까? 원한의 살기는 생명의 질서와 조화를 파괴하고 마침내는 인류 역사의 흐름조차도 바꾸어 놓고 마는 것입니다.

인간 세상을 멸망케 하는 여자의 깊은 원한

❋ 선천은 억음존양抑陰尊陽의 세상이라. 여자의 원한이 천지에 가득 차서 천지운로를 가로막고 그 화액이 장차 터져 나와 마침내 인간 세상을 멸망하게 하느니라. 그러므로 이 원한을 풀어 주지 않으면 비록 성신聖神과 문무文武의 덕을 함께 갖춘 위인이 나온다 하더라도 세상을 구할 수가 없느니라. (道典 2:52:1~3)

선천 봄·여름철은 양陽 기운이 득세하는 억음존양 시대입니다. 이러한 우주정신 때문에 선천의 역사 또한 남성 중심의 역사였습니다. 평생을 자신의 의지대로 살아 보지 못하고, 칠거지악의 굴레 아래 인간의 권리를 빼앗긴 채 남자에게 억눌려 살던 여인들의 원한! 증산 상제님께서는 이 원한을 풀어 주지 않고서는 인간 구원에 대한 동서양 성자들의 모든 가르침은 한낱 허구에 불과하며, 궁극적으로 이 세상을 바로잡을 수 없다고 하셨습니다. 상제님은 천지와 인간의 음양 질서를 '정음정양正陰正陽'으로 개벽하여, 여성의 깊은 한을 풀 수 있도록 길을 열어 놓으셨습니다.

> ✿ 이때는 해원시대라. 몇 천 년 동안 깊이깊이 갇혀 남자의 완롱玩弄거리와 사역使役거리에 지나지 못하던 여자의 원冤을 풀어 정음정양正陰正陽으로 건곤乾坤을 짓게 하려니와 이 뒤로는 예법을 다시 꾸며 여자의 말을 듣지 않고는 함부로 남자의 권리를 행치 못하게 하리라."
> (道典 4:59:1~3)

세상을 진멸케 하는 낙태아의 원한

> ✿ 예로부터 처녀나 과부의 사생아와 그 밖의 모든 불의 아의 압사신壓死神(눌러서 죽은 신)과 질사신窒死神(숨 막혀 죽은 신)이 철천의 원을 맺어 탄환과 폭약으로 화하여 세상을 진멸케 하느니라. (道典 2:68:4~5)

이 말씀은, 오늘도 전 세계적으로 철저한 무지 속에서 범해지고 있는 낙태의 잔혹성과 그 죄악을 지적하여 경계하신 것입니다.

태아도 엄연한 생명체로서 분명히 영혼이 존재합니다. 전생을 가지고 있는 태아는 단꿈에 젖어 입혼식入魂式을 거행한 뒤, 인연을 맺은 어머니의 몸에 들어가 새 생명으로 탄생할 날을 기다립니다.

그러나 뜻하지 않게 영靈과 육肉이 갈가리 찢기고 잔인하게 유린되는 낙태수술을 당하면, 태아의 신명은 철천지한徹天之恨을 품고 천지간을 떠돌아다닙니다. 밤톨만 한 신체, 잘린 손과 발, 처참히 찢겨진 상처! 이런 상태로는 신명으로서도 도저히 살아갈 수 없어서, 결국 탄환과 폭약에 붙어 세상을 파괴하며 집단으로 자살해 버리고 마는 것입니다(한 산부인과 의사는 작은 낙태아 신명들이 불빛 덩어리처럼 떼로 뭉쳐 다니며 원한의 살기殺氣를 던지는 모습을 본 적이 있었다고 고백하기도 하였습니다).

신명계와 인간계를 오가며 증폭되는 원한의 충격

❋ 사람들끼리 싸우면 천상에서 선령신들 사이에 싸움이 일어나나니 천상 싸움이 끝난 뒤에 인간 싸움이 귀정歸正되느니라. (道典 4:122:1~2)

이 말씀은 천상 신명계와 지상 인간계가 맺고 있는 불가분의 관계를 지적하신 것입니다. 지상 인간과 천상 신명은 일체관계를 맺고 마음자리에 따라 서로 긴밀하게 감응합니다. 뿐만 아니라 천상 신명계의 상황은 그대로 지상의 인간 역사에 투영되고, 역으로 지상의 움직임이 그대로 신명계에 전달됩니다.

지상에서 인간이 서로 싸워서 척을 짓고 원한을 맺으면, 그 여파가 천상에 미쳐서 하늘 세계의 평화까지 파괴시켜 버립니다. 반대로 천상 신명계에서 분란과 전쟁이 일어나면, 그 충격이 그대로 지상에 미쳐서 인간세계의 행복과 질서를 파괴하게 됩니다.

그러므로 인간을 구원하기 위해서는, 천상 신명세계의 원한과 갈등을 먼저 끌러내어 '인간과 신명을 동시에 구원'해야 합니다. 상제님은 '원한 맺힌 모든 신명의 원통함과 억울함을 풀고, 혹은 행위를 바로 살펴 곡해를 바로잡으며, 혹은 의탁할 곳을 붙여 영원히 안정을 얻게 함이 곧 선경을 건설하는 첫걸음이라'고 선언하시고 후천선경을 이루시기 위해 천지공사를 집행하셨습니다.

제4장

상제님의 우주정치
개벽 설계도, 천지공사

1. 병든 천지를 뜯어고치는 천지공사

아직도 세상 사람들은, 삼계대권을 주재하시는 우주의 절대자께서 육신의 옷을 입고 1871년(辛未)에 이 동방 땅에 오셨다는 사실을 모르고 있습니다.

따라서 그 주재자께서 지금까지 인류가 살아온 선천 5만 년 역사를 총 결산하시고 새로운 지구촌 통일문명 세계가 열리도록 '천지공사天地公事'라는 이정표를 짜 놓고 가셨다는 사실도 깨닫지 못하고 있습니다. 나아가 20세기 이후 인류사가 바로 증산 상제님께서 짜 놓으신 천지공사의 도수度數 내용대로 전개되고 있다는 사실을 전혀 자각하지 못하고 있습니다.

1) 상극의 천지 질서

상제님께서 주재하시는 우주의 법칙은 봄에 씨 뿌리고[春生], 여름에는 무한한 수고와 노력으로 기른 다음[夏長], 가을에 결실[秋斂]하는 '삼변성도三變成道'의 원리입니다.

지금까지 인류가 살아온 선천 5만 년은 천도天道 자체의

미성숙(23.5도 지축 경사와 지구 1년 365¼일의 타원궤도)으로 인해, 상극 질서가 펼쳐져 지상에 인류의 이상이 결코 실현될 수 없었습니다. 그동안 인류가 일구어 온 선천 문명은 한마디로 후천의 성숙과 대통일을 위한 준비 과정이었습니다.

상제님은 인류의 보편적 구원이 불가능한 '선천 생장 과정의 역사 정신'을 이렇게 결론 내려 주셨습니다.

※ 선천에는 상극의 이치가 인간 사물을 맡았으므로 모든 인사가 도의道義에 어그러져서 원한이 맺히고 쌓여 삼계에 넘치매 마침내 살기殺氣가 터져 나와 세상에 모든 참혹한 재앙을 일으키나니 (道典 4:16:2~3)

선천개벽 이래 지상을 다녀간 모든 사람들은 가슴 속에 크고 작은 한恨을 품은 채 죽어 천상에 올라갔습니다. 남의 음해로 죽은 사람들, 태어나 보지도 못하고 온 몸이 찢기고 신명마저 불구자가 된 낙태아의 원한, 남자의 힘에 짓눌렸던 여성들의 원한, 자신의 의지와 상관없이 전쟁에 끌려 나가 죽은 숱한 영혼들, 이러한 원한이 쌓이고 쌓여 눈덩이처럼 커져서, 마침내 여름철 말인 지금 원한이 뿜어내는 살기가 모든 불운한 사고와 재앙을 일으키는 것입니다.

그리하여 증산 상제님은 선천 상극의 원한의 역사를 매

듭짓고 인간과 신명을 해원시키며, 죽음의 병독에 깊이 빠져 있는 우주 삼계를 '근본 뿌리부터 개벽'하여 새 세계를 건설하기 위해 최종 처방을 내리셨습니다.

> ※ 이제 온 천하가 큰 병大病이 들었나니 내가 삼계대권을 주재하여 조화造化로써 천지를 개벽하고 불로장생不老長生의 선경仙境을 건설하려 하노라. 나는 옥황상제玉皇上帝니라. (道典 2:16:1~3)

온 천하가 큰 병이 들었다고 하신 말씀처럼, 궁극적으로 증산 상제님은 삼양이음三陽二陰으로 조화가 어그러져 원한을 낳게 하는 선천 상극의 자연 질서를 정음정양의 조화 질서로 개벽하시는 공사를 보셨습니다. 그리하여 지구촌 인류가 한가족으로 살아가는 문명, 불로장생하고, 서로 마음으로 소통하고, 신성을 발휘하여 광명의 인간으로 살아가는 지상낙원을 열어주신 것입니다.

2) 천지 개조 프로그램, 천지공사

이 시대의 총체적인 난국을 근본부터 바로잡아 인간과 신명을 동시에 구원하는 우주 통치자의 도법이 천지공사天地公事입니다. 상제님은 삼계대권을 가진 개벽장 하느님으로서, 선천의 종교와 전혀 차원을 달리하는 새로운 인류 구원의 법방을 선언하셨습니다. "이제 하늘도 뜯어 고치고 땅도 뜯어 고쳐 물샐틈없이 도수를 짜 놓았으니, 제 한도限度에 돌아 닿는 대로 새 기틀이 열리리라"(道典 5:416:1~2)라는 말씀처럼, 병든 하늘과 병든 땅을 뜯어 고쳐 '상생의 새 생명 질서'를 열어 놓으신 천지공사에 인류의 모든 문제와 구원에 대한 해답이 들어 있습니다.

> ❀ 이제 온 천하가 대개벽기를 맞이하였느니라. 내가 혼란키 짝이 없는 말대末代의 천지를 뜯어고쳐 새 세상을 열고 비겁否劫에 빠진 인간과 신명을 널리 건져 각기 안정을 누리게 하리니 이것이 곧 천지개벽天地開闢이라. (道典 2:42:1~4)
>
> ❀ 나의 일은 천지를 개벽함이니 곧 천지공사니라. (道典 5:3:6)

상제님은 천지공사로써 선천 5만 년 동안 쌓여온 인간과 신명의 원과 한을 끌러 주시고, 인간 삶의 터전인 지구의 생명 창조 기운[地運]을 통일하여 후천선경의 기틀을 마련하셨습니다. 마치 한 나라의 대통령이 각료들과 더불어 국정 운영 시간표를 수립하여 실현해 가듯, 상제님은 1901년부터 1909년까지 9년 동안 천상 조화정부의 성신들을 주재하시며, 후천 5만 년 가을 선경세계가 열려가도록 역사 질서의 시간표, 이정표, 프로그램을 짜셨습니다.

❀ 상제님께서 신축辛丑(道紀 31, 1901)년 음력 7월 7일에 성도成道하시고 조화주 하느님으로서 대우주일가一家의 지상선경仙境을 여시기 위해 신명조화정부神明造化政府를 세우시니 선천 상극 세상의 일체 그릇됨을 개혁하시어 후천 오만년 선경세계를 건설하시고 억조창생의 지각문知覺門을 열어 주시어 불로장생의 지상낙원에서 영생케 하시니라. 이에 기유己酉(道紀 39, 1909)년까지 9년 동안 천도天道와 지도地道와 인도人道와 신명계神明界의 대개벽 공사를 행하시니라. (道典 4:1:1~6)

2. 아버지 하느님의 조화세계를 열어가는 조화정부 결성과 지운통일

1) 우주 정치를 구현하는 조화정부造化政府

지금은 천상 신명과 지상 인간이 다 같이 결실하는 가을 대개벽의 시간대입니다.

증산 상제님은 우주 주재자의 조화권능으로 천상 신명계의 묵은 기운을 완전히 개벽시키시고, 하늘이 열린 이래 처음으로 신명세계를 통일하여 **조화정부**造化政府를 결성하셨습니다.

> ❀ 크고 작은 일을 물론하고 신도神道로써 다스리면 현묘불측玄妙不測한 공을 거두나니 이것이 무위이화無爲以化니라. 내가 이제 신도를 조화調和하여 조화정부造化政府를 열고 모든 일을 도의道義에 맞추어 무궁한 선경의 운수를 정하리니 제 도수에 돌아 닿는 대로 새 기틀이 열리리라. (道典 4:5:1~3)

지상과 천상에서 역사 발전에 기여한 공덕에 따라 문명신의 위계를 새로 조정하시고, 서로 갈리어 싸움을 일삼던 지구촌 각 지역의 지방신들을 통일하시며, 원신과 역신의 깊은 한을 풀어 영원한 안정을 얻게 하신 것입니다.

조화정부는 상제님의 천명天命을 받들어 천지공사를 집행하는 기관입니다. 상제님은 인간 역사의 새 질서를 열기 위하여 세계 정치 질서의 청사진을 마련했는데, 이것을 조화정부에서 종합적으로 관장하는 것입니다. 조화정부는 상제님을 보필하여 후천개벽의 새로운 역사의 변화질서를 지어내는 신명세계의 사령탑입니다.

그런데 혹자는 예정설이라는 잘못된 관념을 상제님의 천지공사와 결부시키기도 합니다. 말하자면 이 세상이 모두 예정된 대로만 굴러가기 때문에 인간의 자율성이 훼손된다는 것입니다. 그러나 천지공사와 조화정부는 천지도수에 근거하여 앞 세상이 파국으로 치닫는 것을 막는다는 것이지 결코 인간의 자율성을 제한한 것이 아닙니다. 천지도수는 인간과 서로 동떨어져 있는 것이 아니라 오히려 인간의 자율성을 가능하게 하는 바탕입니다. 즉, 천지의 도수와 인간의 자율성은 서로 배척하는 관계가 아니라 상보相補적인 관계입니다.

상제님의 조화정부는 인류 역사상 처음으로 우주적 규모의 새로운 역사를 열기 위한 실질적인 신명조직으로서 역사의 이상을 실현하기 위한 가장 강력한 조직입니다. 그러므로 천지공사는 단순한 탁상공론이 아니라 역사 속에서 실현되어 우주의 시공 속에 열려 나가는 프로그램입

니다. 이런 역사를 천상에서 열어가는 조직이 곧 조화정
부인 것입니다.

2) 조화정부에 참여한 신명들

❀ 이에 상제님께서 만고원신萬古冤神과 만고역신萬古逆神,
세계문명신世界文明神과 세계지방신世界地方神, 만성선령
신萬姓先靈神 등을 불러 모아 신명정부神明政府를 건설하
시고 앞 세상의 역사가 나아갈 이정표를 세우심으로
써 상제님의 대이상이 도운道運과 세운世運으로 전개되
어 우주촌의 선경낙원仙境樂園이 건설되도록 물샐틈없
이 판을 짜 놓으시니라. (道典 5:1:7~9)

조화정부에는 크게 만고원신冤神과 만고역신逆神, 세계
문명신文明神과 세계 지방신地方神, 선령신先靈神이 참여하고
있습니다.

'원신冤神'이란 '원한 맺힌 신명'을 말하며, '역신逆神'이란
그릇된 세상을 바로 잡고자 웅지雄志를 품고 혁명을 도모
하였으나, 시세가 의롭지 못하여 성공치 못하고 역적으로
몰려 비참한 죽음을 맞이한 '혁명가의 영신靈神'을 말합니
다.

증산 상제님께서는 '하고 싶은 일을 하지 못한' 이들의
원통함과 억울함을 풀어 주시기 위해, 원신과 역신이 천

상에서 세운世運과 도운道運의 역사 질서를 각각 주도해 나
가도록 천명을 내리셨습니다.

조화정부에 참여한 세계 문명신은 지상과 천상에서 인
류 문명 개화에 공헌한 신인神人들입니다. 이들은 실존했
던 종교인·철인·과학자 등의 성신으로, 그 가운데 특히
도道를 통했던 인물을 도통신이라 합니다.

상제님은 선천 문명신단文明神團의 핵심 인물이던 유·불·
선·기독교의 4대 종장宗長을 공자·석가·노자·예수에서 주
자·진묵대사·최수운·마테오 리치 신부로 각각 교체하셨
습니다.

> ✤ 선도와 불도와 유도와 서도는 세계 각 족속의 문화의
> 근원이 되었나니 이제 최수운은 선도의 종장宗長이 되
> 고 진묵은 불도의 종장이 되고 주회암은 유도의 종장
> 이 되고 이마두는 서도의 종장이 되어 각기 그 진액을
> 거두고 모든 도통신道統神과 문명신文明神을 거느려 각
> 족속들 사이에 나타난 여러 갈래 문화의 정수精髓를 뽑
> 아 모아 통일케 하느니라. (道典 4:8:1~6)

상제님께서는 동서 종교의 묵은 기운을 모두 걷어 버리
시고, 인류 문명 발전에 크게 공헌한 네 성신聖神으로 하여
금 후천선경의 대개벽 질서를 여는 천지공사에 수종들게
하시어, 상호 교류하며 선천 종교문화의 정수를 뽑아 모

아 후천 통일문명의 기초를 닦게 하신 것입니다.

세계 지방신이란 자기 민족을 수호하는 민족의 주재 성신을 가리킵니다. 예를 들면, 단군(한민족), 야훼(유대족), 제우스(그리스), 반고(중국), 천조대신(일본) 같은 신명이 지방신입니다. 상제님께서는 지구촌 역사에 끊임없는 분란과 전쟁의 근본 원인이 된 각 민족의 최고 주재신을 조화정부에 참여시키시어 영원한 인류 화평의 기틀을 열어 주셨습니다.

그리고 지금은 세계 각 인종과 씨족의 씨를 추리는 가을 개벽기이므로, 각 성姓의 시조신始祖神(선령신)도 한 명씩 조화정부에 참여시키셨습니다.

❀ 각 성姓의 선령신先靈神 한 명씩 천상공정天上公庭에 참여하여 제 집안 자손 도통시킨다고 눈에 불을 켜고 앉았는데 (道典 6:135:3)

3) 지운통일地運統一 공사

지방신과 지운통일이 인류평화의 원동력

인걸人傑은 지령地靈이라는 말이 있듯이, 사람은 지운地運(땅의 생명에너지)의 영향을 절대적으로 받고 살아갑니다. 지운은 사람의 외모와 천성 그리고 말씨에까지 큰 영향을 미칩니다. 조선 팔도에서 쓰이고 있는 각양각색의 사투리를 보면 이를 알 수 있습니다. 침략열이 강한 일본인의 기질도 알고 보면 바로 일본 열도에 사나운 지기가 응기되어 있기 때문입니다.

상제님께서는 지기가 상극 질서에 따라 돌아가고 지운이 통일되지 못했기 때문에 인류사에 반목 투쟁이 일어났다고 하시고 지방신과 함께 지운을 통일시키셨습니다.

> ❀ 대개 예로부터 각 지방에 나뉘어 살고 있는 모든 족속들의 분란쟁투는 각 지방신地方神과 지운地運이 서로 통일되지 못한 까닭이라. 그러므로 이제 각 지방신과 지운을 통일케 함이 인류 화평의 원동력이 되느니라.
>
> (道典 4:18:1~2)

민족 간의 분쟁을 종식하고 인류를 보편적으로 구원하기 위해서는, 인간 생명의 모체이며 역사 질서의 기틀을 가름하는 지구의 생명 기운부터 통일해야 합니다. 그래야 그 기운을 받고 살아가는 인간의 심성도 바로잡혀 인류화평의 기틀을 이룰 수 있는 것입니다.

> ❀ 앞 세상에는 족속에 따라 나라를 세우리라.
>
> (道典 5:332:9)

상제님께서는 먼저 각 지방신과 지운을 통일하고, 원시반본 정신에 따라 각 민족 고유의 독자성을 회복시킬 때 비로소 고질적인 민족 분규와 종교전쟁이 해결될 것이라 하셨습니다. 그리하여 앞 세상에는 민족 단위로 나라를 세우게 하셨습니다.

지구촌 산하의 기령을 통일하심

상제님은 지상선경의 운로를 열어 놓으시기 위해, 후천의 부모산父母山이 되는 모악산과 회문산을 모태로 삼고 지구촌 산하의 기령을 거두어 통일하셨습니다.

> ✽ 전주 모악산母岳山은 순창 회문산回文山과 서로 마주서서 부모산이 되었나니 부모가 한 집안의 가장으로서 모든 가족을 양육 통솔하는 것과 같이 지운地運을 통일하려면 부모산으로부터 비롯해야 할지라. 그러므로 이제 모악산으로 주장을 삼고 회문산을 응기應氣시켜 산하의 기령氣靈을 통일할 것이니라. (道典 4:19:4~6)

이제 지구촌의 세계사는 조화정부의 결성과 지운 통일 공사로 인해 후천 세계통일문명을 준비하는 막바지 시간대에 접어들었습니다. "오선위기로 인류사의 시비를 끄른다"라고 하신 말씀처럼, 선천시대의 모든 사상과 이념의 대립, 그리고 이로 인한 전쟁의 시비는 후천개벽의 아버지 산인 회문산의 오선위기혈五仙圍碁穴 기운을 타고 모두 종결되는 것입니다.

3. 증산 상제님이 직접 다스리는 시대

1) 세계질서의 새 판을 짜신 상제님

❀ 내가 세상에 내려오면서 하늘과 땅의 정사政事를 천상의 조정天朝에 명하여 다스리도록 하였으나 신축년 이후로는 내가 친히 다스리느니라. (道典 4:3:6~7)

천지공사는 크게 세운공사와 도운공사로 구분할 수 있습니다. 세운世運은 앞으로 열릴 세계 정치의 전개 과정, 도운道運은 상제님의 도법의 전수 과정을 말합니다.

세운공사는 국제정치의 움직임에서 확연히 드러나고, 도운공사는 상제님 대도의 도맥이 뻗어가는 '도통道統과 종통宗統의 전수 과정'에서 현실화됩니다. 상제님은 도운공사와 세운공사에 신명들을 역사시키심으로써, 해원의 길을 틔워 후천 통일문명의 새 판을 짜셨습니다.

지금은 증산 상제님이 인간의 역사를 친히 다스리시는 친정親政시대입니다. 1901년부터 세계 정치, 경제, 민족 문제 등 지구촌의 세계사는 상제님이 짜 놓으신 천지공사의 판도 그대로 전개되고 있습니다.

2) 신인합일神人合一의 천지공사

그러면 천지공사는 어떤 과정을 거쳐 지상에 역사 사건
으로 전개되는 것일까요?

이 세상 만사만물의 변화 이면에는 반드시 그 일에 관
여하는 천지신명이 있습니다. 따라서 지상의 역사는 인간
만의 역사가 아니라, 인간과 그 사람의 마음자리에 응기
한 천지신명이 함께 개척한 합작품입니다.

진리 구성의 3박자 원리, 이신사理神事

❀ 크고 작은 일을 물론하고 신도神道로써 다스리면 현묘
   불측玄妙不測한 공을 거두나니 이것이 무위이화無爲以化니
   라. 내가 이제 신도를 조화調和하여 조화정부造化政府를

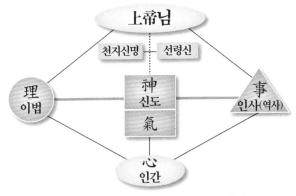

진리 구성의 3박자 : 이理·신神·사事 일체 원리

열고 모든 일을 도의道義에 맞추어 무궁한 선경의 운수
를 정하리니 제 도수에 돌아 닿는 대로 새 기틀이 열리
리라. (道典 4:5:1~3)

상제님께서 짜 놓으신 도수[理]에 따라 상제님의 천명을
받은 천상의 신명[神]이 선행先行을 하면, 그에 감응한 인
간이 역사로 일을 이루는 것입니다[事]. 이것을 이신사理神
事 법칙이라 합니다.

❀ 천하의 모든 사물은 하늘의 명命이 있으므로 신도神道
   에서 신명이 먼저 짓나니 그 기운을 받아 사람이 비로
   소 행하게 되느니라. (道典 2:72:2~3)

우리들 하루하루의 삶과 세상에서 일어나는 모든 역사
적 사건, 상제님의 천지공사도 이런 이신사의 일체 원리에
따라 이루어집니다.

4. 세계 판도(국제정치)는 어떻게 전개되나

1) 다섯 신선이 바둑 두는 형국의 세계전쟁 공사

단주 해원의 오선위기 도수

❀ 현하대세를 오선위기五仙圍碁의 기령氣靈으로 돌리나니 두 신선은 판을 대하고 두 신선은 각기 훈수하고 한 신선은 주인이라. (道典 5:6:1~3)

상제님께서는 세계질서의 대세를 오선위기 바둑 도수로 짜 놓으셨습니다. 오선위기五仙圍碁는 '다섯 신선이 바둑

두는 형국'이라는 뜻입니다. 다섯 신선이란 동방의 주인인 조선과 조선을 둘러싼 세계의 4대 강국, 네 신선을 말합니다. 오선위기 도수는 4대 강국이 한반도(바둑판)를 중심으로 상극의 주도권 쟁탈을 벌이지만, 내적으로는 선천 상극의 역사를 마무리 짓고 후천 상생의 새 역사를 열어 나가는 것을 의미합니다.

이 오선위기 세운공사의 내면에는 지금부터 약 4,300년 전 인물인 '단주 해원'이 핵심 문제로 자리 잡고 있습니다.

※ 회문산回文山에 오선위기혈五仙圍碁穴이 있으니 이제 바둑의 원조인 단주의 해원 도수解冤度數를 이곳에 붙여 조선 국운을 돌리려 하노라. (道典 5:176:3)

※ 요순시대에 단주가 세상을 다스렸다면 시골 구석구석까지 바른 다스림과 교화가 두루 미치고 … 오랑캐의 이름도 없어지며, 만리가 지척같이 되어 천하가 한집안이 되었을 것이니 요와 순의 도는 오히려 좁은 것이니라. … 그러므로 먼저 단주의 깊은 원한을 풀어 주어야 그 뒤로 쌓여 내려온 만고의 원한이 다 매듭 풀리듯 하느니라. (道典 4:31:1~5)

요임금의 아들 단주는 본래 동서방 족이 서로 화합하는 대동세계를 주장한 평화주의자입니다. 상제님께서는 단주가 세상을 다스렸다면 동방에 큰 평화시대가 실현될 수 있었다고 평하셨습니다.

그러나 아버지 요임금은 자신과 정치적 이념이 같은 우순虞舜에게 대권을 전하고, 아들 단주에게는 바둑을 만들어 주고서 변방으로 쫓아 버렸습니다. 그리하여 단주는 큰 뜻을 이루지 못한 채 바둑을 두며 깊은 한恨을 품고 살다 죽었습니다. 상제님은 가장 큰 역사적 원한을 품고 죽은 단주의 마음을 빼 보시고, 대동세계를 만들려 했던 그의 덕성을 틔워 새 역사 창업에 참여케 하셨습니다. 즉, 상제님은 단주를 해원의 머리로 삼아, 인류사의 모든 원한이 풀리고 상생의 세상이 열리도록 세운공사를 집행하신 것입니다.

❀ 무릇 머리를 들면 조리條理가 펴짐과 같이 천륜을 해害한 기록의 시초이자 원冤의 역사의 처음인 당요唐堯의 아들 단주丹朱의 깊은 원을 풀면 그 뒤로 수천 년 동안 쌓여 내려온 모든 원의 마디와 고가 풀리게 될지라. (道典 4:17:1~2)

❀ 이제 단주를 자미원紫微垣에 위位케 하여 다가오는 선경 세계에서 세운世運을 통할統轄하게 하느니라." 하시니라. (道典 4:31:6)

세 번의 큰 전쟁을 거치는 세운

상제님께서는 후천개벽이 오기 전까지, 세운과 도운의 대세가 크게 세 번 대변혁의 물결을 타면서, 묵은 질서와 갈등의 원한이 뿌리 뽑히도록 인류역사의 최종 운명을 심판해 놓으셨습니다.

> ※ 삼천=遷이라야 일이 이루어지느니라. (道典 8:117:2)

봄에 씨 뿌리고[生] 여름에 기르고[長] 가을에 결실하는[成] 천지의 자연 질서를 바탕으로 하여, 세운과 도운은 각기 삼변성도=變成道의 섭리에 따라 후천세계로 궤도 진입합니다. 상제님은 세계 질서를 열어가는 세운공사에 난장판 씨름 전쟁 도수를 붙이시어 '애기판 - 총각판 - 상씨름'으로 전개되도록 틀을 짜셨습니다.

> ※ 현하대세가 씨름판과 같으니 애기판과 총각판이 지난
> 뒤에 상씨름으로 판을 마치리라. (道典 5:7:1)

그리하여 동방 조선을 중심으로 4대 강국이 두 패로 나뉘어 오선위기 형국의 대결 구조를 형성하고, 이 오선위기의 국제질서가 크게 세 번 굽이치며 지구촌 통일문명을 열어갑니다. 이 '오선위기 도수의 삼변=變 정신'은 난법 해원 시대를 관통하는 세운공사의 뼈대입니다.

세계일가 통일정권 대개벽 공사

> ※ 그러므로 이제 모든 일을 풀어놓아 각기 자유행동에
> 맡기어 먼저 난법을 지은 뒤에 진법을 내리니 오직 모
> 든 일에 마음을 바르게 하라. (道典 4:32:2~3)

이 말씀과 같이 상제님은 대개벽의 시간대까지 모든 신명과 사람들이 각기 하고 싶은 대로 행동하면서 원한을 해소시키도록 난법 해원 시대를 설정해 놓으셨습니다. 이 난법 해원 시대는 만고역신과 원신들이 인간 심령에 감응하여 뿌리 깊은 한을 풀어 버림으로써 '지구촌의 세계 통일을 예비하는 잉태기'이며, 선천에 누적되어 온 고루한 가치관이 철폐되는 때입니다. 애기판-총각판-상씨름을 거치면서 세계는 분열의 시대에서 후천 일가 문화로 통일되는 시대로 전환됩니다.

상제님은 근원적인 사회 개혁을 위해 계급 차별과 인권 억압의 뿌리인 선천 말의 왕정王政 기운을 모두 거두셨습니다.

※ 이제 천하의 난국을 당하여 장차 만세萬世의 대도정사大道政事를 세우려면 황극신皇極神을 옮겨 와야 하리니 이로써 세계일가世界一家 통일정권統一政權 공사를 행하시니 성도들을 앞에 엎드리게 하시며 말씀하시기를 "이제 만국 제왕의 기운을 걷어 버리노라." 하시니라.
(道典 5:325:2, 10~11)

본래 동방 조선은 지구촌 천자 문화권의 뿌리이며 종주宗主입니다. 상제님은 원시로 반본하는 개벽 질서에 따라, 명부공사로써 천상 신명계의 황극신을 불러와 장차 후천

세계의 통일정권을 창출하는 역군으로 쓰셨습니다.(황극신
皇極神은 천자신天子神의 우두머리)

이 세계일가 통일정권 공사는 남북 상씨름 종결과 남북
통일의 시운時運을 타고 지구촌 대개벽의 차원에서 지상에
실현됩니다.

그러면 태풍의 눈과 같은 세계 변혁의 구심점인 바둑판
(조선)을 놓고 4대 강국이 3차에 걸쳐 펼치는 상극질서의
열전 중에서, 먼저 애기판 규모의 첫 씨름판부터 살펴보
겠습니다.

2) 제1차 세계대전, 애기판 전쟁 공사

위급한 동양의 형세

상제님이 천지공사를 집행하실 당시인 20세기 초는 제
국주의 열강이 서로 패권다툼을 하며 동양을 참혹하게 유
린하던 시대였습니다. 증산 상제님께서는 그 위기를 이렇
게 진단하셨습니다.

> ※ 이제 동양의 형세가 누란累卵과 같이 위급하므로 내가
> 붙들지 않으면 영원히 서양으로 넘어가게 되리라.
> (道典 5:4:6)

상제님께서는 장차 세계를 대개벽의 비겁에서 구원하

시기 위해, 먼저 동양으로 몰려들던 서양 제국주의 열강을 몰아내는 대공사를 집행하셨습니다.

서양 제국주의 세력을 몰아내기 위한 일러전쟁과 1차대전

❀ 이제 만일 서양 사람의 세력을 물리치지 않으면 동양
은 영원히 서양에 짓밟히게 되리라. 그러므로 서양 세
력을 물리치고 동양을 붙잡음이 옳으니 이제 일본 사
람을 천지의 큰 일꾼으로 내세우리라. 내가 … 일러
전쟁을 붙여 일본을 도와 러시아를 물리치려 하노라.

(道典 5:50:4~6)

상제님은 서양세력을 물리치기 위해, 먼저 인류 변혁의
중심지이자 바둑판인 조선에서 일본과 러시아 간에 싸움
을 붙이셨습니다. 그리하여 일본과 러시아가 조선을 두고
판을 대하고, 영국과 프랑스가 각기 영일동맹과 러불동맹
을 맺어 훈수를 두며, '러시아·프랑스 : 일본·영국'의 대결
구조로 1차 오선위기인 애기판 전쟁이 시작되었습니다.
이 일러전쟁은 후에 제1차 세계대전으로 발전하여 동서
양의 세력 판도를 크게 돌려놓았습니다.

조선을 잠시 일본에 의탁하신 까닭

❀ 조선을 서양으로 넘기면 인종이 다르므로 차별과 학
대가 심하여 살아날 수 없을 것이요 청국으로 넘기면

그 민중이 우둔하여 뒷감당을 못할 것이요 일본은 임진란 후로 도술신명道術神明들 사이에 척이 맺혀 있으니 그들에게 넘겨주어야 척이 풀릴지라. 그러므로 내가 이제 일본을 도와 잠시 천하통일天下統一의 기운과 일월대명日月大明의 기운을 붙여 주어 천하에 역사를 하게 하리라. (道典 5:177:3~6)

상제님은 동서열강의 틈바구니 속에서 풍전등화의 위기에 처해 있던 조선을, 오래도록 대륙 침략의 숙원을 품어 온 일본제국에게 잠시 넘겨주셨습니다. 그리하여 일본의 욕심을 채워 주심과 동시에, 일본으로 하여금 서양 여러 나라의 세력에 맞서는 동양의 파수꾼 역할을 하게 하셨습니다.

뿐만 아니라 여기에는 상제님의 또 다른 깊은 뜻이 있었습니다. 천상에서는 동방 도덕문명의 연원인 조선신명들로 하여금 지구촌 통일문명을 열 수 있는 대개혁의 칼을 휘두르게 하시고, 지상에서는 그 후손들이 선천의 왕정王政시대를 종결짓고 혹독한 시련을 통해 민족정기를 회복할 수 있도록 시간적 여유를 주시려는 것이었습니다.

애기판 전쟁의 결과

1차 세계대전 근 애기판 전쟁 이후 동양의 많은 나라들이 서양 세력의 폭압에서 벗어나고, 과학과 통신, 교통수

단이 비약적으로 발전하였습니다.

그리고 세계일가 통일정권 공사의 도수가 열려 그 첫 모델로서 국제연맹(League of Nations)이 발족하였습니다.

3) 제2차 세계대전, 총각판 전쟁 공사

중일전쟁과 2차 세계대전

애기판에서 러시아와 대적하여 승리한 일본은, 대륙 침략의 야욕을 채우기 위해 상대를 중국으로 바꾸고 본격적으로 총각판 씨름에 뛰어 들었습니다. 1937(정축)년 7월 7일, 북경 남서쪽 노구교盧溝橋 부근에서 야간 훈련 중이던 일본군 병사 한 명이 실종되었습니다. 이 실종 병사 수색을 두고 일본군과 중국군이 충돌하였고 이것을 기화로 총각판 중일전쟁이 불을 뿜기 시작하였습니다.

역사학자 니얼 퍼거슨은, 사람들은 1939년 독일의 폴란드 침공을 2차 세계대전의 시작으로 알고 있지만 그것은 서양 중심적 시각이고, 실질적인 시작은 중일전쟁이라고 하였습니다. 2차 세계대전으로 확대된 이 중일전쟁은 '중국·소련 : 일본·독일' 4개국이 한국을 두고 주연과 조연을 한, 두 번째 오선위기 도수인 총각판 씨름입니다.

상제님께서는 이 총각판 전쟁으로 일본제국의 도덕성을 심판하셨습니다.

일본의 패망 섭리와 한민족의 해방

❀ 조선은 원래 일본을 지도하던 선생국이었나니 배은망
덕背恩忘德은 신도神道에서 허락하지 않으므로 저희들에
게 일시의 영유領有는 될지언정 영원히 영유하지는 못
하리라. (道典 5:118:1~2)

❀ 서양 사람에게서 재주를 배워 다시 그들에게 대항하
는 것은 배은망덕줄에 걸리나니 … 일본 사람이 미국
과 싸우는 것은 배사율背師律을 범하는 것이므로 장
광長廣 팔십 리가 불바다가 되어 참혹히 망하리라.
(道典 5:119:1~3)

총각판 전쟁은, 일본이 제 뿌리를 잡아먹는 배사율을
범하였기 때문에 나가사끼(長崎)와 히로시마(廣島)에 원폭
을 맞고 패망함으로써 매듭지어졌습니다. 이렇게 2차 대
전은 하늘의 명령으로 종결되었습니다.

총각판 전쟁이 낳은 것

2차 세계대전의 종결과 더불어 서구의 제국주의 열강
은 동양으로부터 대부분 물러나고, 독립을 열망하던 아프
리카, 아시아 등의 약소민족들은 민족해방의 광명을 맞이
하였습니다. 한민족 역시 서양으로 건너가 세계전쟁을 일
으킨 조선의 모든 보호성신이 귀향하였고, "제 집 일은 제
가 다시 주장한다"라는 도수 말씀이 실현되었습니다. 그

리하여 8.15 광복과 더불어 한민족이 다시 바둑판의 주인 노릇을 하게 되었습니다. 또한, 천상의 조화정부가 인사로 실현된 세계 기구로서 국제연합이 새로 발족하였습니다. 바야흐로 동서양 인류는 낡은 정신을 한 꺼풀 더 벗고 지구촌 통일문화 시대를 향하여 한 걸음 더 나아가게 되었습니다.

상제님께서 보신 세운 공사의 목표는 인류가 한가족으로 살아가는 지구촌을 만드는 것입니다. 그러기 위해 상극의 서양 제국주의 질서를 무너뜨리고 아프리카, 아시아 약소국을 구하신 것이 애기판, 총각판 씨름 공사입니다.

2차 세계대전 이후 대부분의 국가가 독립을 하였습니다. 그렇지만 아직도 상극의 질서는 무너지지 않았습니다. 지구에 남아있는 상극의 질서를 송두리째 무너뜨리고 상생의 질서로 들어가는 마지막 한 판이 바로 상씨름입니다.

4) 제3차 상씨름 대전쟁 공사

인류사의 새 질서를 여는 남북 분단 공사

일본이 항복하고 바둑판 한반도에서 물러나자 1, 2차 세계대전의 주역인 일본과 독일의 무릎을 꿇리고 최강국이 된 미국이 이 땅에 들어왔습니다. 소련은 일본의 패망이 확실해진 1945년 8월 9일, 일본에 선전포고를 하고 북한에 진주하였습니다.

이로부터 한반도는 남북으로 양분되고 '남한·미국'과 '북한·소련'이 각기 한 패가 되어, 지구촌의 운명과 일체의 시비是非를 마지막으로 가름하는 '상씨름' 구도가 이루어지기 시작했습니다.

'상上씨름'이란 최상급의 씨름으로 '바둑판 주인 간의 결승전'을 뜻합니다. 상제님이 38선을 경계로 남과 북을 자본주의와 사회주의 체제로 각기 갈라놓으시면서 남북의 첨예한 이념 대결이 시작된 것입니다.

그리고 1950년 6월 25일, 북한의 남침으로 상씨름 초반 전쟁이 일어났습니다. 전후 1953년 휴전休戰이 성립될 때까지 한민족은 약 600만 명이 다치거나 죽고 1,000만 명이 가족과 생이별을 하였습니다. 이후 60년이 지난 지금까지도 남북한 대결 구도는 끝나지 않았습니다.

> ※ 현하대세가 씨름판과 같으니 애기판과 총각판이 지난 뒤에 상씨름으로 판을 마치리라. … 씨름판대는 조선의 삼팔선에 두고 세계 상씨름판을 붙이리라.
>
> (道典 5:7:1~3)

이 말씀과 같이 한반도의 38선은 세계 운명을 판가름하는 씨름판대입니다. 상제님은 선천 상극의 운을 마무리 짓고 인류사의 새 질서를 여는 가을 개벽의 모든 꿈이, 38

선을 가운데 두고 벌어지는 상씨름을 통해 이루어지게 하신 것입니다.

남북 상씨름은 천지전쟁

상씨름은, 대결을 전제로 하고 반드시 승부를 내어서 종결짓는다는 의미를 갖습니다. 상제님은 상씨름 마지막 상황에 대해 "상씨름이 넘어간다"(道典 5:325:9)라고 하셨습니다. 상씨름 전쟁이 일어나 승부가 난다는 말씀입니다.

그런데 한민족은 후천개벽의 주체 민족이고, 한반도는 세계 개벽의 신질서를 여는 변혁의 중심점이며 숨구멍입니다. 따라서 남북 상씨름은 단순한 전쟁이 아닙니다. 상제님은 이 전쟁을 '지구촌의 온갖 상극질서를 마감 짓고 동서 문화의 대통일 질서를 여는 천지전쟁'이라 하셨습니다.

❋ 천지개벽 시대에 어찌 전쟁이 없으리오. 앞으로 천지
   전쟁이 있느니라. (道典 5:202:3)

상제님은 "애기판과 총각판이 지난 뒤에 상씨름으로 판을 마치리라"라고 하신 말씀처럼, 이 남북한 간의 마지막 상씨름판에 인류사의 모든 문제를 가름하는 최후의 대결 구도를 마련해 놓으셨습니다. 다시 말하면 한민족 역사상

최대의 비극인 남북 분단은, 우주의 통치자이신 증산 상제님께서 선천 상극 시대에 인류가 지어 놓은 정치·종교·문화·이념의 모든 갈등과 대립을 이 땅에 수렴시켜, 온 인류가 함께 잘 사는 상생相生의 대도大道 시대를 열기 위한 과정입니다.

천지 불기운을 묻어 핵무기 전쟁을 막으심

남북의 통일 문제는 '지구촌을 멸망시킬 불기운'을 묻는 상제님의 화둔火遁공사와 깊은 연관을 맺고 있습니다.

오늘의 인류는 우주의 불(火)기운이 활화산처럼 타오르는 선천 여름의 마지막 시간대에 살고 있습니다. 상제님은 파괴적 재앙을 일으키는 화신火神들의 세력을 누르는 화둔공사를 집행하셨습니다.

❀ 만일 변산 같은 불덩이를 그냥 두면 전 세계가 재가 될 것이니라. 그러므로 내가 이제 그 불을 묻었노라.
(道典 5:229:12~13)

여기서 불덩이란 여름철의 천지 불기운과 상극 질서에서 비롯된 인간과 신명의 모든 원한의 불덩이를 동시에 말합니다. 이 불은 물리적으로는 핵무기를 비롯한 선천의 모든 재래식 무기로 나타납니다.

상제님께서 대공사로 처결하신 화둔공사는, 지난 1970

년대에 핵 감축 문제가 거론되기 시작하여 1981년에 미국의 레이건 대통령이 제안한 '영(0)의 선택'이라 불리는 '제로 옵션Zero Option'으로 본격적인 논의가 시작된 이래 역사 속에서 꾸준히 실현되고 있습니다. 세계의 이목이 집중되고 있는 한반도 비핵화, 특히 북한의 핵폐기는 화둔 도수의 가장 중요한 과제입니다.

그런데 2013년 2월 13일 북한이 3차 핵실험을 한 이후 남북 관계는 악화일로를 걷고 있습니다. 북한은 핵개발에 모든 것을 걸며 '벼랑 끝 전술'을 펼치고 남한은 북한의 추가 핵 개발을 막지 못하면 생존에 위협을 받는 상황이 되었습니다. 서로 한 치도 양보할 수 없는 대결 상태로 6.25 남북전쟁 이후 가장 긴장된 국면을 맞이하고 있습니다.

세계 핵탄두 보유국 현황 (단위:개, 2012년 1월 기준) 자료:스톡홀름 평화연구소

영국 225 (45회)
프랑스 300 (210회)
러시아 10,000 핵실험(715회)
중국 1,200 (45회)
북한 8 (추정) (3회)
미국 8,000 (1,030회)
이스라엘 80 (45회)
인도 80~100 (3회)
파키스탄 90~110 (2회)

마지막 전쟁, 남북 상씨름 역사 대전쟁

상씨름판의 오선위기는 세계 통일질서를 창출해 내는 인류사의 결승전입니다. 남북한과 미국·중국이 벌이는 상씨름 한판 승부는 어떠한 역사적 과정을 거치면서 끝나게 될까요? 상제님은 일찍이 다음과 같이 마무리 공사를 집행하셨습니다.

> ❋ 씨름판대는 조선의 삼팔선에 두고 세계 상씨름판을 붙이리라. (道典 5:7:3)
>
> ❋ 난의 시작은 삼팔선에 있으나 큰 전쟁은 중국에서 일어나리니 … (道典 5:415:4)

상씨름은 한반도에서 시작하지만 중국으로 확전한다는 말씀입니다. 상씨름 초반전 한국전쟁은 남북한 간 전쟁으로 시작되었지만 미국과 중국이 참전하고 전 세계 16개국이 참전한 세계전쟁으로 커졌습니다. 이처럼 천지의 운명을 결정짓는 마지막 상씨름도, 오선위기 바둑판을 둘러싼 미국·일본과 중국의 초강대국간 싸움으로 확대된다는 말씀입니다.

현재 동북아는 역사 대전쟁의 소용돌이에 휘말려 들고 있습니다. 일본은 과거사를 반성하지 않고 야스쿠니 신사 참배를 하며 주변국을 자극하고, 중국은 동북공정, 서남공정 등으로 주변국을 자극하고 있습니다. 이런 역사 문제 외에도 센카쿠 열도, 독도, 이어도, 방공 식별구역 등으로 긴장이 고조되고 있습니다.

일본 아베 수상은 2014년 초 다보스 포럼에서, "우발적인 수준에서나 부주의한 방식으로 갑자기 충돌이나 분쟁이 발생할 수 있다"라고 말했습니다. 이 발언을 두고 영국의 파이낸셜 타임스는, 중국과 일본이 '1차 대전 직전 영국과 독일의 관계와 비슷'하다고 보도했습니다. 언제 어디서 작은 불씨가 터져서 대전쟁으로 확전될지 알 수 없는 일촉즉발의 위기로 치닫고 있는 것입니다.

한반도 자체에도 전운이 감돌고 있습니다. 북한은 3대 세습을 했지만, 정권이 불안하여 언제 대남 도발을 일으킬지 알 수 없는 상황으로 흘러가고 있습니다. 연평도 포격과 무인기 등으로 계속 도발을 하고 있어 정부도 어느 때보다 긴장의 끈을 놓치지 않고 있습니다. 그러나 결국 상씨름은 일어나고 맙니다.

❋ 상씨름이 넘어간다. (道典 5:325:9)
❋ 아동방我東方 삼일 전쟁은 있어도 동적강銅赤江은 못 넘으리라. … 서울은 불바다요 무인지경無人之境이 되리라. (道典 5:406:3, 5)

그런데 상제님께서는 역사의 불의를 청산하는 이 상씨름 결전에서 승자가 없이 모두 패망한다고 하셨습니다.

❋ 그 때는 모든 것이 뒤죽박죽이 되어 이기고 지는 쪽 없이 멸망하리라. (道典 5:415:7)

공멸할 수밖에 없는 인류의 운명 때문에 남북 상씨름은 승자와 패자가 가려지기 전에 극단적인 변혁으로 맞물려 들어갑니다. 그 정체가 이른바 괴질 병란입니다. 상제님께서는 전쟁과 병란이 거의 동시에 터지면서 가을개벽이 더욱 극적인 상황으로 치달아갈 것이라고 말씀하셨습니다.

❋ 장차 병란兵亂과 병란病亂이 동시에 터지느니라. 전쟁이 일어나면서 바로 병이 온다. 전쟁은 병이라야 막아 내느니라. (道典 5:415:5~6)

또한 상제님은 "일본은 화火판으로, 미국은 수水판으로, 중국은 난亂판으로, 조선은 병病판으로 무너지느니라"라고 하셨습니다. 상씨름이 일어나면서 병란病亂과 자연개벽이 동시에 일어나 천지질서가 송두리째 뒤바뀌게 됩니다. 그래서 상제님이 상씨름을 천지전쟁이라고 하신 것입니다.

문명 전환을 가져 온 병겁

인류 문명사에서, 인류가 새 시대로 들어서는 데는 항상 전염병이 결정적 요인으로 작용했습니다. 전염병의 역사를 연구한 윌리엄 맥닐 교수는 "문명은 질병을 만들고

질병은 문명을 만들어 왔다"라고 했습니다. 서양의 고대에서 중세, 중세에서 근대로 넘어온 **문명의 전환 과정**에는 전쟁과 더불어 발생한 **전염병이 가장 큰 충격**을 주었습니다.

로마 멸망에 여러 가지 원인이 있었지만, 훈족 침입과 맞물려 들어온 시두의 창궐로 로마는 쇠락의 길을 걸었고, 서양 역사는 중세로 넘어갑니다. 그리고 몽골군의 유럽 원정 때 퍼진 흑사병으로 인해 유럽 인구의 1/3 이상이 죽고 유럽의 중세가 막을 내리고 근세로 들어섭니다. 중남미 아스텍과 잉카 제국은 스페인 침략군과 함께 들어온 시두 때문에 원주민이 몰살당함으로써 멸망했습니다. 제1차 세계대전 중 발생한 스페인 독감은, 전사자보다 더 많은 인명을, 특히 젊은 군인의 목숨을 많이 **빼앗았습니**다. 윌슨 대통령은 전쟁을 서둘러 끝내려 했고 마침내 1차 세계대전이 종결됩니다.

이처럼 전쟁은 병란을 동반하며 마무리 되고, 병란은 새로운 시대와 문명을 열었습니다. 장차 선천 인류사를 끝막는 상씨름 전쟁도 괴질 병란으로 마무리됩니다.

그렇다면 인류가 이러한 혼란과 비극 속에서 살아남을 수 있는 구원의 법방은 무엇일까요?

제5장

후천 가을 대개벽과 세계구원

1. 후천 가을 대개벽과 인류 심판

흐느껴 우신 상제님의 마음

지금은 후천 대통일 문화를 여는 창조의 시대이자 선천의 묵은 기운을 거두어 내는 파괴의 시대입니다. 증산 상제님께서는 천하창생이 먹고 살려고 껄떡거리다가 허망하게 다 죽을 일을 생각하니 안타깝고 불쌍하다 하시며 흐느껴 우셨습니다.

> ❋ "천하창생이 모두 저 송사리떼와 같이 먹고살려고 껄떡거리다가 허망하게 다 죽을 일을 생각하니 안타깝고 불쌍해서 그런다." 하시고 "허망한 세상! 허망하다, 허망하다!" 하시며 혀를 차시니라. (道典 7:48:6~7)

하지만 사람들은 대부분 지금이 어떤 시대인지 실감나게 느끼지 못하고 있습니다. 생활고에 쫓기고, 골치 아픈 것은 기피하고, 지적 자만에 빠져서 혹은 선천 종교의 묵은 관념에 물든 타성 때문에 하늘이 경고하는 가을 대개벽 소식에 귀를 기울이지 않기 때문입니다.

증산 상제님께서는 남북 상씨름판이 성숙되어 세상이

다 일러 주어도 사람들이 급박하게 휘몰아치는 천하대세를 모른다고 한탄하셨습니다.

1) 인류 최후의 심판, 병겁

가을개벽의 전령사 시두

천연두, 손님, 마마, 두창 등으로도 불리는 시두는 인류 역사상 가장 많은 생명을 앗아간 무서운 질병입니다. 그러나 시두는 인류가 정복한 질병이라 하여 지금은 예방접종조차 실시하지 않고 있습니다.

그런데 상제님께서는 병겁이 오기 전, 우주의 가을 개벽이 오는 소식을 알리는 전령사인 시두가 대발한다고 말씀하셨습니다.

> ✸ 앞으로 시두時痘가 없다가 때가 되면 대발할 참이니 만일 시두가 대발하거든 병겁이 날 줄 알아라. 그때가 되면 잘난 놈은 콩나물 뽑히듯 하리니 너희들은 마음을 순전히 하여 나의 때를 기다리라. (道典 7:63:9~10)

시두 대발로 말미암아 로마, 마야, 잉카 등 많은 고대 제국들이 몰락하고 동시에 새로운 제국이 탄생했던 역사에서 알 수 있듯이 시두는 새로운 제국의 건설로 역사의 주인을 바꾸는 전환점이 되었습니다.

시두 바이러스는 일반 바이러스보다 10배 정도나 크고,

유전자 배열이 복잡하고 상당히 지능적이어서 바이러스계의 제왕이라 할 수 있을 정도입니다. 시두는 공기로도 전염되기 때문에 10g의 시두 균으로도 서울 시민 절반을 감염시킬 수 있다고 합니다. 시두는 고열과 심한 통증을 동반하고, 내장 조직을 파괴시키고 몸의 진액을 말리는 무서운 전염병으로 치사율이 30%가 넘습니다. 완치가 되더라도 얼굴과 피부에 곰보자국을 남겨 평생 지울 수 없는 상처를 남깁니다.

시두는 인류사에서 사라졌다고 공식 선포되었지만 정치적인 목적으로 공표되었을 뿐이고, 시두 균은 백신, 연구용 등으로 아직도 미국, 러시아 등 몇 나라에 남아 있습니다. 그런데 이 위험한 시두 균이 북한에도 있습니다.

앞으로 시두가 어떤 방식으로 다시 나타날지 알 수 없습니다. 한동안 시두가 발생하지 않아서 사람들에게 면역력이 없다는 점, 공기로 전염되고, 변종 시두가 발생할 수도 있다는 점에서, 시두가 재발한다면 그 위험성과 파괴력은 상상을 초월할 것입니다.

시두 중 검은 시두는 치사율이 100%에 이른다고 합니다. 이렇듯 치명적인 시두를 극복

할 방법은 없을까요?

⊛ 시두의 때를 당하면 태을주를 읽어야 살 수 있느니라.

(道典 11:264:3)

태을주의 비밀은 잠시 후에 밝혀집니다.

지구촌 곳곳을 엄습하는 괴질병

상제님께서는 선천 상극 역사의 모든 것을 '병겁으로 심판한다'고 선언하셨습니다. 상극 대결에 대단원의 막을 내리고 상생의 통일 문명을 여는 세계 상씨름판의 마지막 매듭은 전란戰亂이 아니라 병란病亂이라는 것을 깨우쳐 주신 것입니다.

⊛ 장차 괴질이 대발大發하면 홍수가 넘쳐흐르듯이 인간 세상을 휩쓸 것이니 천하 만방의 억조창생 가운데 살 아남을 자가 없느니라." (道典 10:49:1)

⊛ 이 뒤에 이름 모를 괴질이 침입할 때는 주검이 논 물꼬 에 새비떼 밀리듯 하리라. (道典 5:291:11)

⊛ 십 리 안에 사람 하나 볼 듯 말 듯하게 되느니라.

(道典 11:263:4)

괴병은 지구 전체를 하나의 거대한 무덤으로 만드는 사상 초유의 병입니다. 괴병이란 단순히 세균이나 바이러 스에 의한 병이 아니라, 문자 그대로 그 실체를 도저히 알 수 없는 병, 인간의 상식과 이성으로는 도저히 헤아릴 수 없는 병이란 뜻입니다. 가을 대개벽의 병겁 심판은 생사의 근원을 깨치지 않고는 절대로 그 정체를 알 수 없습니다.

무용지물이 되는 현대 의술

❀ 이 뒤에는 병겁이 전 세계를 엄습하여 인류를 전멸케 하되 살아날 방법을 얻지 못할 것이라. 그러므로 모든 기사묘법奇事妙法을 다 버리고 오직 비열한 듯한 의통醫統을 알아 두라. 내가 천지공사를 맡아봄으로부터 이 땅의 모든 큰 겁재를 물리쳤으나 오직 병겁만은 그대로 두고 너희들에게 의통을 붙여 주리라. 멀리 있는 진귀한 약품을 중히 여기지 말고 순전한 마음으로 의통을 알아 두라. 몸 돌이킬 겨를이 없고 홍수 밀리듯 하리라. (道典 7:33:4~8)

인류 역사상 일찍이 없었던 초유의 급성 전염병이 지구촌에 번지기 시작하면, 세계 의학계는 초비상이 걸려 치료약을 연구하기 시작할 것입니다. 그러나 상제님께서는 인간의 모든 노력이 한낱 물거품이 될 것이라 하시고, 귀중한 약품과 진기한 치료법을 찾으려 하지 말고 오직 성경신誠敬信을 다해 의통醫統을 알아두라고 경계하셨습니다.

괴질병은 왜 일어나는가?

그러면 괴질병은 왜 일어나는 것일까요? 상제님은 그 해답을 우주의 통치원리와 신도神道의 법칙으로 말씀하셨습니다.

> ❀ 선천의 모든 악업惡業과 신명들의 원한과 보복이 천하의 병을 빚어내어 괴질이 되느니라. 봄과 여름에는 큰 병이 없다가 가을에 접어드는 환절기換節期가 되면 봄 여름의 죄업에 대한 인과응보가 큰 병세病勢를 불러일으키느니라. (道典 7:38:2~3)

우주의 계절이 바뀌는 시기, 즉 지구의 극이동을 전후하여 이 지상에는 인류의 생사를 가름하는 엄청난 천지기운의 대변동(金火交易)이 일어나게 됩니다. 우주 질서가 여름에서 가을로 바뀔 때 천상의 모든 신명들이 추살秋殺 기운(숙살지기肅殺之氣와 천지간의 모든 신명의 원기)을 타고 지상에 내려와 인류의 악업을 심판합니다.

천지의 이법, 춘생추살春生秋殺

지구촌의 인종 씨를 추리는 이 가을개벽의 대병겁 심판에 대해 미혹의 어둠 속에서 깨어나지 못한 많은 사람들이 종종 이렇게 말하곤 합니다. "왜 하늘에서는 그 많은 억조 생명을 길러 놓고 가을에 또 죽입니까?"

이것은 우주의 질서를 전혀 모르고 하는 말입니다. 가을개벽의 문턱에서 인간의 생명은 반드시 죽음이라는 통과의례를 거친 후 새 생명으로 성숙하게 되어 있습니다. 이것이 상제님이 그토록 '사무치게 깨치라'고 경계하신 춘생추살春生秋殺 정신의 참뜻입니다.

> ❀ 천지의 대덕大德이라도 춘생추살春生秋殺의 은위恩威로써 이루어지느니라. (道典 8:62:3)

천지의 큰 덕성도 봄에 만물을 낳아서 여름까지 기르지만, 가을이 되면 봄여름에 낳아서 기른 것을 열매만 남기고 다 죽입니다. 춘생추살은 증산도 안운산 태상종도사님께서 강조하신 것처럼, '하늘이 바뀐다 해도 절대 바뀔 수 없는 대자연의 섭리'입니다.

병겁은 악업에 대한 응보이자 원신의 보복

선천개벽 이후, 인간은 우주의 봄·여름 시대 동안 상극이 지배하는 운명의 텃밭을 일구어 가며 문명을 개척하고 역사를 발전시켜 왔습니다. 이 과정에서 사람은 어쩔 수 없이 악업惡業을 짓게 됩니다. 그런데 우주의 가을개벽 정신은 선천시대 동안 인간이 지은 악업의 대가를 요구합니다.

> ❀ 천지의 만물 농사가 가을 운수를 맞이하여, 선천의 모든 악업이 추운秋運 아래에서 큰 병을 일으키고 천하의

큰 난리를 빚어내는 것이니 큰 난리가 있은 뒤에 큰 병이 일어나서 전 세계를 휩쓸게 되면 피할 방도가 없고 어떤 약으로도 고칠 수가 없느니라. (道典 7:38:5~6)

곧 닥쳐올 대병겁은 선천의 모든 악업惡業에 대한 원신冤神들의 보복으로 빚어지는 것입니다.

그리하여 '악척이 많은 사람, 배은망덕한 사람, 선령신을 부정하고 환부역조 하는 대죄를 범한 자, 신도를 부정하고 신명을 능멸하는 자, 거짓된 자, 교만한 자, 저도 모르면서 선천의 묵은 진리에 빠져 남을 수하에 넣는 지도자, 종교 장사꾼' 등은 모두 다 대우주의 개벽기운을 감당하지 못하여 순식간에 죽어 넘어갑니다. 이것이 병겁 심판의 참뜻입니다.

괴질이 처음 발병하는 곳: 간艮 도수의 주인 한국

괴병은 맨 처음 동방 조선에서 발생합니다. 이것은 우주 섭리인 간 도수艮度數에 따라 강세하신 상제님의 구원의 활방이 조선에 있기 때문입니다. 상제님께서는 괴병으로 급사急死하는 조선 사람들을 상제님의 도법道法으로 제일 먼저 살려 내어 그들로 하여금 세계 인류를 구원하게 하셨습니다.

⁂ 처음 발병하는 곳은 조선이니라. 이는 병겁에서 살리는 구원의 도道가 조선에 있기 때문이니라. (道典 7:40:2)

한반도는 역리易理적으로 동북 간방艮方입니다. 간방은 '끝남과 시작(始終)'이 함께 이루어지는 방위이므로, 우리 나라는 병겁의 시발처이자 선천 인류사를 최종적으로 마무리 짓는 곳입니다. 우리 민족은 세계에서 가장 먼저 괴병을 극복하고, 병겁의 재난에 휩싸인 세계 각처로 나아가 천하 인종을 추수합니다.

조선 49일, 전 세계를 3년 동안 휩쓰는 괴병

그러면 병겁은 어떻게 전개될까요?

❋ 이 뒤에 병겁이 군창群倉에서 시발하면 전라북도가 어육지경魚肉之境이요 광라주光羅州에서 발생하면 전라남도가 어육지경이요 인천仁川에서 발생하면 온 세계가 어육지경이 되리라. 이 후에 병겁이 나돌 때 군창에서 발생하여 시발처로부터 이레 동안을 빙빙 돌다가 서북으로 펄쩍 뛰면 급하기 이를 데 없으리라. 조선을 49일 동안 쓸고 외국으로 건너가서 전 세계를 3년 동안 쓸어버릴 것이니라. (道典 7:41:1~5)

물이 오염되어 물고기가 죽어서 떠오른 모습을 많이 보았을 것입니다. '어육지경魚肉之境'이란, 죽은 물고기가 널브러져 있는 것처럼 인간이 참혹하게 많이 죽는 상황을 비유한 말입니다. 상제님의 이 말씀도 다른 공사의 말씀과 같이 반드시 상제님 도법의 참 경계에서 볼 줄 알아야 합니다. 남북한 7천만 인구를 생각해 보십시오. 49일 동안 병겁이 전국을 휩쓸어 버린다면 얼마나 참혹하겠습니까.

> ❀ 괴병怪病이 온 천하를 휩쓸면 가만히 앉아 있다가도 눈만 스르르 감고 넘어가느니라. 그 때가 되면 시렁 위에 있는 약 내려 먹을 틈도 없느니라. (道典 2:45:5~6)

이 무서운 괴병은 자그마치 3년에 걸쳐 전 세계를 태풍처럼 휩쓸게 됩니다. 이 3년 동안 인류는, 선천 천지에서 지어 온 모든 악업의 대가를 추살 심판인 병겁으로 치루는 것입니다. 이로써 상극의 패권 사회는 깨끗이 정화됩니다.

자식이 지중하지만 손목 잡아 끌어낼 겨를이 없다

앞의 3장에서 말했듯이, 병란兵亂·병란病亂과 함께 만유 생명이 살아가는 대우주 자연의 시간 질서가 크게 변화합니다. 그것은 지축 변동으로, 지극히 짧은 시간 안에 지구의 자전축이 바로 서게 됩니다. 이때 지구촌 곳곳에서는 상상을 초월하는 지각변동이 발생하여 말로 표현할 수 없는 대참상이 빚어집니다.

> ❀ 앞으로 개벽이 될 때에는 산이 뒤집어지고 땅이 쩍쩍 벌어져서 푹푹 빠지고 무섭다. 산이 뒤집혀 깔리는 사람, 땅이 벌어져 들어가는 사람, 갈데없는 난리 속이니 어제 왔다가 오늘 다시 와 보면 산더미만 있지 그 집이

없느니라. (道典 7:23:1~3)

⊛ 장차 서양은 큰 방죽이 되리라. 일본은 불로 치고 서양
은 물로 치리라. 세상을 불로 칠 때는 산도 붉어지고
들도 붉어져 자식이 지중하지만 손목 잡아 끌어낼 겨
를이 없으리라. (道典 2:139:1~3)

2) 태을주太乙呪와 의통醫統 전수

인류 구원의 성약, 태을주太乙呪

개벽은 생장염장이라는 우주 법칙에 따라 필연적으로 오
는 것입니다. 우주 가을철이 되면 춘생추살 법도에 따라 천
지에서 숙살 기운으로 모든 생명을 일시에 거두어 갑니다.

인간은 미리 개벽을 예측할 수도 있고, 준비할 수도 있
습니다. 천지와 하나 된 마음(일심)으로 천지개벽의 목적인
가을의 인간 열매 종자 거두는 일에 적극 참여한다면, 생
존을 넘어 천지의 꿈과 이상을 실현하는 주인공이 될 수
있는 것입니다.

상제님께서는 "태을주로 사람을 많이 살리리라" 하시
고, 태을주를 바탕으로 인류를 구원하는 의통법을 전수
하여 주셨습니다.

⊛ 내가 이 세상의 모든 약 기운을 태을주에 붙여 놓았나
니 만병통치 태을주니라. (道典 3:313:8)

太乙呪

"'훔치'는 천지부모를 부르는 소리니라." (道典 7:74:1)

훔吽 吽훔
치哆 哆치

太 태
乙 을
天 천
上 상
元 원
君 군

吽 훔
哩 리
哆 치
哪 야
都 도
來 래

吽 훔
哩 리
喊 함
哩 리
娑 사
婆 파
訶 하

❀ 천하생명을 태을주太乙呪로 살린다. 태을주로 천명天命
　을 이루느니라. (道典 8:101:6)

이 주문呪文이 상제님께서 전해 주신, 병겁에서 천하창생
을 건지는 태을주입니다. 상제님은 "'훔치'는 천지부모를
부르는 소리니라"(道典 7:74:1)라고 하셨고 태모님은 "태을
주의 '훔치 훔치'는 천지신명에게 살려 달라고 하는 소리
니라"(道典 11:387:3)라고 밝혀 주셨습니다. 태을주 주문 첫
머리인 '훔치'는 일찍이 남사고가 구원의 방법으로 예언한
'소울음 소리'('소울음 훔 자, 소울음 치 자')입니다. 태을주를 읽
지 않고서는 그 누구도 병겁에서 살아날 수 없습니다.

❀ 태을주를 읽는 것은 천지 어머니 젖을 빠는 것과 같아
　서 태을주를 읽지 않으면 그 누구도 개벽기에 살아남
　지 못하느니라. (道典 6:76:4)

의통醫統이란

의통은 의술의 차원에 머무는 약藥이 아니라 상제님의
도권道權, 신권神權을 상징하는 신물神物입니다. 새 하늘 새
땅을 열어 주시는 개벽장 하느님이신 상제님의 도권으로
괴질신명怪疾神明의 발동을 제지하는 것입니다. 증산 상제
님은 어천하시기 전 날 밤, 만국대장萬國大將 박공우 성도를
부르시어 의통을 전수해 주셨습니다.

❀ 상제님께서 물으시기를 "공우야, 앞으로 병겁이 휩쓸게 될 터인데 그 때에 너는 어떻게 목숨을 보존하겠느냐?" 하시거늘 공우가 아뢰기를 "가르침이 아니 계시면 제가 무슨 능력으로 목숨을 건지겠습니까." 하니 말씀하시기를 "의통醫統을 지니고 있으면 어떠한 병도 침범하지 못하리니 녹표祿票니라." 하시니라. (道典 10:48:3~5)

의통醫統은 '살릴 의' 자에 '통일할 통' 자, 살려서 통일한다는 뜻입니다. 9년 동안 천지공사를 집행하신 증산 상제님께서는 당신의 직업을 '의통醫統'이라 하셨습니다. 이 '의통'이란 말 속에 인류 궁극의 문제인 구원의 해답이 담겨 있습니다.

❀ 職者는 醫也요 業者는 統也니
　직자　　의야　　업자　　통야
聖之職이요 聖之業이니라.
성지 직　　　성지 업
천하의 직은 병들어 죽어 가는 삼계를 살리는 일(醫)이요 천하의 업은 삼계문명을 통일하는 일(統)이니라. 성스러운 직이요 성스러운 업이니라. (道典 5:347:17)

선천에는 영웅들이 전쟁으로 사람을 죽이고 지구의 일부를 통일했지만, 가을 개벽기에는 의통으로 병든 삼계(천지인)를 살려서 통일합니다!

따라서 장차 한민족의 통일과 지구촌 동서 문화의 대통일은 세속의 통일 전문가들이 말하는 정치, 경제, 문화 차원의 통일이 아닙니다. 의통은 기존 인식의 틀을 뛰어넘는, 세계 인류를 한가족으로 만드는 궁극의 통일이요, 세운의 판 밖에서 이루어지는 새로운 방식의 통일입니다.

누가 의통을 전수받는가

❋ 그러므로 모든 무술과 병법을 멀리하고 비록 비열한
  것이라도 의통醫統을 알아두라.
  사람을 많이 살리면 보은줄이 찾아들어 영원한 복을
  얻으리라. (道典 5:412:4~5)

보은줄이란 '은혜에 감사하여 보답하는 마음'을 뜻합니다. 병란兵亂·병란病亂으로 모든 생명이 넘어가는 가을 대개벽기에 사람을 살려 후천 5만 년 무궁한 새 생명을 열어주는 것보다 더 큰 은혜가 어디 있겠습니까?

앞으로 전 인류가 한가족의 새 문화권으로 재탄생하는 것이 바로 이 의통성업의 보은줄에 의해 이루어집니다. 한민족은 가을개벽 상황에서 상제님의 의통법으로 구원을 집행하는 민족으로서, 개벽과 함께 세계 질서를 총체적으로 개편하여 지구촌을 주도하는 영광스러운 나라가 될 것입니다.

2. 상제님의 도법은 어떻게 전수되나

도운공사는 증산 상제님의 도법인 증산도가 세계사의 무대에 등장하여 불원간에 닥칠 개벽 심판기에 인류를 구원하고 후천 선경낙원을 건설하는 프로그램입니다. 도운공사에는 '상제님의 도법이 전수되는 종통 맥'과 '세계 구원을 집행하는 주인공'에 대한 공사가 포함되어 있습니다.

1) 여자 하느님, 수부님과 종통 전수

종통대권의 계승, 수부首婦 도수

❀ 하루는 태모님께서 성도들에게 말씀하시기를 "상제님께서 천지공사를 통해 평천하를 이루시고 '수부 도수首婦度數로 천하 만민을 살리는 종통대권宗統大權은 나의 수부, 너희들의 어머니에게 맡긴다.'고 말씀하셨느니라." 하시니라. (道典 11:345:6~7)

증산 상제님께서는 상제님 도법의 종통宗統과 도통道統 맥을 당신님의 반려자 되시는 태모太母(Grand Mother) 고 수

부고수부高首婦님에게 전하셨습니다. 후천은 천지의 질서가 음도陰道가 커지는 음존陰尊 시대이며 여성 해원 시대이므로 여성을 바탕으로 도운 개창의 첫 관문을 열어 놓으신 것입니다.

예로부터 부생모육父生母育이라 하여 아버지는 낳고 어머니는 기른다 하였습니다. 상제님은 천지공사를 행하심으로써 후천선경의 설계도를 물샐틈없이 짜 놓으신 만유생명의 아버지 하느님이시며, 수부님은 '머리 여자[首婦]'라는 문자 뜻 그대로, 상제님 천지공사의 이정표에 따라 후천 선경낙원을 지상에 현실화시키는 근원적 모체가 되시는 어머니 하느님으로서, 상제님의 도를 처음으로 뿌리내리셨습니다.

상제님께서는 수부님을 생명의 근원으로 하여 도운道運의 맥이 뻗어 나가도록 하셨습니다. 그래서 수부님을 '천지 만백성의 생명의 어머니, 큰 어머니'라는 뜻으로 '태모太母님'이라고도 합니다.

고 수부님은 상제님 어천(1909년) 후 신해(1911)년, 증산 상제님 2주기 성탄치성을 모신 다음날인 9월 20일에 상제님 성령의 감화를 받아 대도통을 하셨습니다. 이로부터 고 수부님은 후천 음존 시대를 개창하는 퍼스트레이디[首婦]의 권능을 갖고, 정읍 대흥리大興里에서 최초로 도문을 여셨습니다. 비로소 증산도의 포교 도운이 이 세상에 펼쳐지기 시작한 것입니다.

상제님은 남성이 아니라 여성에게 처음으로 종통을 전하심으로써 여성 해원의 문을 열어 주셨고, 후천 정음정양 도수를 인사로 실현시키셨습니다. 또한, "수부의 치마폭을 벗어나는 자는 다 죽으리라"(道典 6:96:6)라고 하시며, 수부를 부정하는 자는 난법 난도자로서 개벽기에 살 수 없다고 하셨습니다.

태모님의 종통 전수 공사

고 수부님은 상제님으로부터 종통宗統을 전수받으신 후, 후천 선경건설이라는 성업聖業을 이루시기 위해 10년 동안 천지공사를 집행하셨습니다. 태모님은 상제님으로부터 대도통을 받으시고 이종 동생인 차경석車京石 성도에게 이렇게 말씀하셨습니다.

❀ 나는 낙종落種 물을 맡으리니 그대는 이종移種 물을 맡으라. 추수秋收할 사람은 다시 있느니라. (道典 11:19:10)

태모님은 도운의 종통 맥을 '일 년 농사'에 비유하여 선언하셨습니다. 태모님이 대도의 씨앗을 뿌리면[落種], 차경석 성도는 도세를 크게 부흥시키고[移種], 나중에 새로운 인물(대사부)이 출세하여 매듭 짓는다[秋收]는 것입니다. (도운 공사의 상세한 내용은 『道典』 6, 7, 8편 및 『증산도의 진리』

8장 참고)

　1911년에 고 수부님은 정읍 대흥리에 포정소를 여시고 조직적인 포교운동을 전개하여 충청도·전라도·경상도 일대에서 신도가 구름 일 듯 모여들기 시작하였습니다.

　이후, 월곡 차경석 성도는 보천교를 크게 성장시켜 전국적으로 신도 수가 무려 600만 명을 헤아리게 되었습니다. 이것이 바로 도운의 이종 도수입니다.

　그러나 병자(1936)년 윤3월에 차경석 성도가 운명한 뒤 일제는 보천교가 독립운동 자금을 많이 대었다는 구실로 가혹하게 탄압을 했습니다. 이로써 교단이 해체되고 이종移種 도운 시대는 막을 내렸습니다.

　그러면 추수 도운 시대는 어떻게 열렸을까요?

　※ 너희들 가지고는 안 되느니라. 판밖에서 성공해 들어와야 되느니라. 진인이 나와야 하느니라. 나의 모든 일을 이룰 사람이 판밖에서 나오느니라.(道典 11:362:1~2)

　당대 성도들이 태모님께 "어머님 우리는 어떻게 됩니까?" 하고 여쭈자 태모님께서는 "판밖에서 새로운 사람이 나온다"라고 말씀하셨습니다.

2) 상씨름 추수 도운

안운산 태상종도사太上宗道師님의 추수 도운 개창

추수 도운은 천지 부모님이신 상제님, 태모님의 계승자가 출세하여 당신님의 유업을 완결하는 결실 도운입니다. "추수할 사람은 다시 있느니라"(道典 5:416:2)라고 하신 상제님의 말씀 그대로, 광복 이후 안운산 태상종도사님께서 마무리 추수 도운을 여셨습니다.

> ❀ 나는 천지일월天地日月이니라. 나는 천지天地로 몸을 삼고 일월日月로 눈을 삼느니라. (道典 4:111:14~15)
> ❀ 나의 근본이 일월수부日月首婦라. 이제부터는 자씨보살과 일월수부가 일을 맡았느니라. (道典 11:201:1, 4)

상제님과 태모님은 우주원리에 따라 종통을 전수하셨습니다. 이 말씀은, 당신을 계승하여 세상 사람에게 진리의 눈을 밝혀 줄 지도자를 일월日月로 상징하신 것입니다.

태상종도사님은 1945년 음력 8월 15일 추석에 상제님의 진리를 새로이 선포하시고, 1950년 6.25 한국전쟁 직전까지 증산도 대부흥 시대를 여셨습니다.

그러나 추수 도운의 시작은 남북 상씨름이라는 6.25 한국전쟁을 계기로 크게 흔들리고, 도운은 다시금 기나긴 휴계기休契期로 들어서게 됩니다.

마무리 추수 도운의 성지, 태전太田

✿ 도운道運을 보리라. … 갑을甲乙로서 머리를 들 것이요,
  무기戊己로서 굽이치리니 … (道典 6:109:1, 6)

마무리 추수 도운은 갑인(1974)년에 태동하기 시작하였
습니다. 안운산 태상종도사님은 을묘(1975)년에 20년간의
기나긴 은둔을 끝내시고, 제3변 마무리 결실 도운의 개창
지요 후천 선경낙원의 수도이자 세운과 도운이 하나로 통
일되는 새 역사의 중심인 한밭 벌 태전太田을 텃밭으로 새
배포를 꾸미셨습니다.

✿ 내가 후천선경 건설의 푯대를 태전太田에 꽂았느니라.
  (道典 5:136:2)

이로부터 도운의 중심지요 미래 세운의 중심지이자, 남
조선 도수와 마무리 추수 도운의 구심점인 태전太田에서
열리게 되었습니다. 바야흐로 결실 도운이 활짝 열린 것
입니다.

> **태전太田** 대전大田의 본래 이름. 순 우리말로는 '한밭'이라
> 고 한다. 이토 히로부미가 1909년 태전에 이르러 태전의 지
> 리가 빼어남을 보고서 지기를 약화시키기 위해 "太田이라는
> 지명을 바꾸어 大田으로 부르는 것이 좋겠다"라고 하여 태
> 전이 대전으로 바뀌었다.(田中市之助,『朝鮮大田發展誌』)

❀ 태전을 집을 삼고 인신합덕을 하리니 태전이 새 서울
이 된다. … 만국활계남조선萬國活計南朝鮮이요 청풍명
월금산사淸風明月金山寺라. 만국을 살려낼 활방은 오직
남쪽 조선에 있고 맑은 바람 밝은 달의 금산사로다.
(道典 5:306:3, 6)

상제님의 공사가 현실화되어 정부 각 부처가 세종시로
이전함으로써, 태전은 그야말로 대한민국의 새 서울이 되
었습니다. 태전은 가을 개벽기에 인류를 살려내는 구원의
중심지이자, 개벽을 극복하고 나서 열리는 **지구일가 통일
문명, 조화선경 문명의 심장부**입니다.

3. 인류를 구원하는 칠성 도수
−육임六任 의통구호대 조직

1) 지금은 인존시대

인류 구원을 실현하는 상제님의 일꾼

구원은 환상이 아닙니다. 때가 되면 저절로 몸이 하늘로 들려 올라가거나, 혹은 착한 사람은 하늘이 알아서 살려 줄 것이라는 동화 같은 방식으로 인류 구원이 이루어지는 것이 아닙니다. 모든 것은 인간이 천지의 주인이 되어 현실 역사 속에 실현하는 것입니다.

※ 모사재천謀事在天은 내가 하리니 성사재인成事在人은 너희들이 하라. (道典 8:1:6)

※ 병겁이 밀어닥치면 너희들이 천하의 창생을 건지게 되느니라. (道典 7:50:3)

지금은 인간이 하늘땅보다 존귀한 인존人尊시대, 인간의 손으로 천지의 꿈을 이루는 때입니다. 천상 보좌에 임어해 계시던 상제님께서도 인간으로 강세하시어 인존천주人尊天主의 대권으로 천지공사를 행하셨습니다. 그리고 천상 신명정부에서 짜 놓으신 천지공사의 최종 마무리는 상제님을 대행하는 일꾼들에게 맡기셨습니다. 이것이 '모사재천, 성사재인'의 참뜻입니다.

개벽기에 출세하는 육임 의통 구호대 조직

육임은 후천 개벽기에 인류를 건져 새 세상을 여는 의통 구호대 조직입니다. 육임의 문자 뜻은 '여섯 육六, 맡길 임任'으로 병겁으로 죽어 넘어가는 한 사람을 구하기 위해 각기 다른 임무를 맡은 여섯 사람이 필요한 것입니다. 북방 1·6수의 1태극의 원리로 사령관 한 사람과 육임이 구성되어, 일곱 명이 한 조가 되어 의통을 전수받고 의통으로 사람을 살리게 됩니다. 이것을 **칠성 도수**라 합니다. 선천의 문명개벽 코드가 3과 7수였듯이, 후천 문명도 7수로 열리게 되는 것입니다.

* 칠성 도수는 천지공사를 매듭짓는 도수니라.
  (道典 11:360:4)
* 북두칠성이 내 별이니라. (道典 3:89:6)

북두칠성은 상제님이 계신 별로 인간의 생사화복을 주관합니다. 그래서 인간에게 생명을 내려주는 이 북두칠성 기운을 받아내려 가을 개벽기에 생명을 구원하는 것입니다.

인류를 구원하는 천하사는 한두 사람이 해 낼 수 있는

일이 아닙니다. 수많은 일꾼이 모여 조직적인 협동 체제를 갖추어야, 세계 각지를 왕래하며 천하의 인종을 추수할 수 있습니다. 상제님께서는 병겁 심판기에 죽어 넘어가는 사람들 사이를 다니며, 의통의 화권化權으로 생명을 건지는 일꾼 조직인 '육임六任'을 짜라고 명하셨습니다.

육임 천명을 맡은 상제님 일꾼

증산 상제님은 당신을 믿는 자는 그 누구라도 육임을 정하라고 명하셨습니다.

❀ 나를 믿는 자는 매인每人이 6인씩 전하라. 포교의 도道가 먼저 육임六任을 정하고 차례로 전하여 천하에 미치게 되나니 이것이 연맥連脈이니라. (道典 8:101:1~2)

한 사람이 최소한 6명에게 도道를 전하고, 도를 받은 6명이 다시 각각 6명에게 도를 전합니다. 상제님께서는 이렇게 물이 흐르듯이 차례로 도를 전하여 의통성업을 집행할 일꾼을 부지런히 길러내라고 하셨습니다. 상제님의 종통을 전수받으신 태모님도 육임 도체 조직 공사를 행하셨습니다.

❀ 하루는 태모님께서 치성을 봉행하신 뒤에 "육임六任 도수를 보리라." 하시고 도체道體 조직 공사를 행하시니 … . (道典 11:126:1)

앞에서도 말했듯이 상제님께서는 만국을 구원하는 활방이 남쪽 조선(한국)에서 출현한다고 하셨습니다(萬國活計南朝鮮). 상제님의 이 말씀은, 개벽 상황에서 한민족의 육임六任 의통 구호대가 세계 방방곡곡으로 퍼져나가 병겁으로부터 인류를 건져 냄으로써 마침내 현실로 이루어집니다.

2) 구원의 대세

구원받는 동서 인류의 수

그러면 상씨름, 병겁, 지축 정립으로 일어나는 세벌 개벽의 때에 구원의 대세는 어떻게 전개되는 것일까요?

❋ 장차 열 사람 가운데 한 명 살기가 어려우리니 내 자식이라도 어찌 될지 모르느니라. (道典 3:311:5)

상제님은 부모, 형제, 처자 사이라도 개벽철에 살고 죽는 운수가 제각각이라 하시고 장차 열 사람 가운데 한 명 살기도 어렵다 하셨습니다.

❋ 서북은 살아날 사람이 없고, 동남은 살아날 사람이 많으리라. (道典 7:76:8)

❋ 신도가 대발大發하는 개벽의 운을 당하여 신명을 능멸하고서 어찌 살기를 바랄 수 있겠느냐! (道典 4:49:8)

상제님께서는 서북쪽은 살아날 사람이 적고, 동남쪽은 살아날 사람이 많다고 하셨습니다. 왜 그런 것일까요? 세계지도를 펴 놓고 한반도의 서북쪽을 보십시오. 그곳은 북한, 중국 등 공산국이 위치한 지역으로, 유물사관을 내세워 신명을 부정하는 나라가 모여 있습니다.

지금은 신도神道가 대발大發하는 가을개벽 시대입니다. 개인이든 국가든 신명을 능멸하고서는 살아남을 수가 없는 것입니다.

3) 누가 구원을 받는가

자손줄이 떨어지면 조상도 멸망한다

✿ 선령신이 짱짱해야 나를 따르게 되나니 선령신을 잘 모시고 잘 대접하라. 선령신이 약하면 척신隻神을 벗어나지 못하여 도를 닦지 못하느니라. 선령의 음덕蔭德으로 나를 믿게 되나니 음덕이 있는 자는 들어왔다가 나가려 하면 신명들이 등을 쳐 들이며 '이곳을 벗어나면 죽으리라.'이르고 음덕이 없는 자는 설혹 들어왔을지라도 이마를 쳐 내치며 '이곳은 네가 못 있을 곳이라.'이르느니라. … 삼생三生의 인연이 있어야 나를 따르리라. (道典 2:78:1~8)

조상은 자손의 뿌리이고 자손은 조상의 열매입니다. 그

래서 가을 개벽철에 자손이 성공하면 조상도 성공합니다. 반대로 자손이 구원받지 못하면 조상신도 함께 영원한 죽음을 맞이합니다. 이것이 우리가 가을 개벽기에 가장 경계해야 할 삶과 죽음에 대한 핵심 문제입니다.

가을에 열매를 맺지 못하면 봄여름에 땀 흘려 가꾼 정성과 노력이 모두 허사가 되는 것처럼, 자손이 구원을 받지 못하고 죽어 없어지면 수수십 대에 걸친 조상신의 숱한 공덕과 지극한 정성도 물거품이 되고 마는 것입니다.

삼생의 인연과 조상의 음덕

상제님께서는 조상의 음덕과 전생과 이생과 내생의 삼생을 관통하여 상제님과 인연이 있어야, 후천의 대도를 만나 개벽진리를 체험할 수 있는 '눈이 열린다'고 하셨습니다. 인생사는 저 잘난 멋과 자기 노력만으로 뜻한 바가 이루어지는 것이 아닙니다. 세상사의 대부분은 반드시 천상 신명(보호신이든 조상신의 음덕이든)의 공력이 함께하여 이루어집니다. 상제님 진리를 만나 심령이 비약적으로 열리는 체험을 하는 것도 예외가 아닙니다. 어느 날 마음의 문이 활짝 열려 강렬한 믿음의 불이 붙는 것도 신도神道의 돌보심으로 인한 것입니다. 수행을 제대로 하면 이런 경계를 직접 체험할 수 있습니다.

❀ 이제 모든 선령신들이 발동發動하여 그 선자선손善子善孫을 척신隻神의 손에서 건져 내어 새 운수의 길로 인도하려고 분주히 서두르나니 너희는 선령신의 음덕蔭德을 중히 여기라. (道典 7:19:4~5)

모든 선영신들이 자손을 새 운수의 길로 인도하려고 분주히 서두르고 있습니다. 조상신들은 생사를 걸고서 그 자손을 한 명이라도 상제님 도판으로 인도하려고 천상에서 끊임없이 기도하고 있다는 것을 알아야 합니다.

4. 개벽으로 열리는 후천 지상선경 세계

DIGEST GAEBYEOK

1) 신천지 상생相生의 삶

증산 상제님께서는 '내가 천지를 돌려놓았다'고 선언하셨습니다. 천지의 질서와 더불어 자존自存하시는 상제님은 천지인 삼계를 주재하시는 무궁한 조화권으로 천지의 상극 질서를 상생의 질서로 돌려 놓으셨습니다.

머지않아 정음정양 도수가 실현되면, 개벽세계의 대광명이 열려 영세토록 평화의 꽃이 만발하는 선경낙원이 지상에 펼쳐집니다.

✽ 후천에는 만국이 화평하여 백성들이 모두 원통과 한恨과 상극과 사나움과 탐심과 음탕과 노여움과 번뇌가 그치므로 말소리와 웃는 얼굴에 화기和氣가 무르녹고 동정어묵動靜語默이 도덕에 합하며, 사시장춘四時長春에 자화자청自和自晴하고, 욕대관왕浴帶冠旺에 인생이 불로장생하고 빈부의 차별이 철폐되며, 맛있는 음식과 좋은 옷이 바라는 대로 빼닫이 칸에 나타나며 운거雲車를 타고 공중을 날아 먼 데와 험한 데를 다니고 땅을 주름

잡고 다니며 가고 싶은 곳을 경각에 왕래하리라. 하늘
이 나직하여 오르내림을 뜻대로 하고, 지혜가 열려 과
거 현재 미래와 시방세계十方世界의 모든 일에 통달하
며 수화풍水火風 삼재三災가 없어지고 상서가 무르녹아
청화명려淸和明麗한 낙원의 선세계仙世界가 되리라. (道典
7:5:1~6)

3년 병겁 심판을 거치고 나면, 상생의 도법으로 다스리
는 세계 통일정부가 수립되어 선善으로 살아가는 생활 문
화를 지상에 새롭게 뿌리내립니다.

❋ 선천 영웅시대에는 죄로 먹고살았으나 후천 성인시대
　에는 선으로 먹고살리니 죄로 먹고사는 것이 장구하
　랴, 선으로 먹고사는 것이 장구하랴. 이제 후천 중생
　으로 하여금 선으로 먹고살 도수度數를 짜 놓았노라.
　(道典 2:18:6~8)

후천이 되면 지축이 정립되어 일월의 운행도수가 정음
정양正陰正陽의 질서로 조화를 이루게 됩니다. 그리하여 극
한極寒, 극서極暑와 수화풍水火風 삼재三災가 모두 없어지고,
계절의 구분도 사라져 1년 360일이 늘 화락한 봄 날씨로
탈바꿈합니다.

❋ 후천에는 항상 낮에는 해가 뜨고 밤에는 달이 뜨니 편
　음편양偏陰偏陽이 없느니라. (道典 11:179:4)

자연질서가 정음정양으로 변하면서, 천지 이치가 인사로도 실현되어 남녀의 차별이 없어집니다.

❀ 남녀동권 시대가 되게 하리라. 사람을 쓸 때에는 남녀 구별 없이 쓰리라. 앞세상에는 남녀가 모두 대장부大丈夫요, 대장부大丈婦이니라. (道典 2:53:2~4)

다가오는 새 세상에는 남녀가 동등한 권리를 누리면서 자유롭게 살 수 있습니다.

❀ 앞 세상에는 여자에게 경도가 없느니라. 불편이 막심하니 내 세상에는 없애리라. (道典 5:288:6~7)

선천에는 여자에게 월경이 있어 일상생활에 불편함이 많았으나 후천 세상에는 월경이 없어져 여자들도 편안한 일상생활을 맘껏 누릴 수 있게 됩니다.

2) 지구촌이 한가족이 되는 문명

❀ 앞 세상은 하늘과 땅이 합덕(天地合德)하는 세상이니라. 이제 천하를 한집안으로 통일하나니 온 인류가 한가족이 되어 화기和氣가 무르녹고 …. (道典 2:19:3~4)

후천에는 각 나라와 민족 사이에 투쟁과 반목이 사라지고 온 인류가 한가족처럼 지내는 상생의 세상이 펼쳐집니다. 이것은 세계일가 통일정부가 한국 땅에 들어서면서 현실화됩니다.

> ❀ 장차 조선이 천하의 도주국道主國이 되리라. (道典 7:83:8)

가을 개벽기에 인류를 구원한 큰 은혜를 베푼 한민족은 세계 인류를 가르치고 선경낙원 문화를 여는 문명개벽을 주도하게 됩니다. 앞으로 상제님 도법으로 천하를 다스리는 시대가 되면 한국은 자연히 지구촌의 아버지 나라, 스승 나라가 되고, 최고 상등국이 됩니다.

> ❀ 장차 천하만방의 언어와 문자를 통일하고 인종의 차별을 없애리라. 후천은 온갖 변화가 통일로 돌아가느니라. (道典 2:19:6~7)

후천에는 지구촌의 백성이 모두 도심道心이 열려 말을 하지 않고 마음으로 의사소통을 할 수 있습니다. 그리고 상제님이 쓰신 한국어가 세계 공용어가 되어 언어 소통에 전혀 문제가 없게 됩니다.

3) 선경낙원의 복록과 수명

선천에는 자식이 없어 애태우는 사람이 있었으나 후천에는 누구나 자식을 두게 됩니다. 빈부의 차이도 없어집니다.

❋ 후천에는 자식 못 두는 자가 없으리라. 또 부자는 각 도에 하나씩 두고 그 나머지는 다 고르게 하여 가난한 자가 없게 하리라. (道典 7:87:3~4)

증산 상제님께서는 쇠병사장을 물리쳐 후천 세상 사람들이 무병장수의 영락을 누리도록 하셨습니다.

❋ 모든 백성의 쇠병사장衰病死葬을 물리쳐 불로장생不老長生으로 영락을 누리게 하리니 너희들은 환골탈태換骨奪胎되어 키와 몸집이 커지고 옥골풍채玉骨風采가 되느니라.
(道典 7:4:4~5)

❋ 후천선경에는 수壽가 상등은 1200세요, 중등은 900세요, 하등은 700세니라. (道典 11:299:3)

태모 고 수부님은 앞 세상에는 보통사람이라도 900살을 살 수 있다고 말씀하셨습니다. 안운산 태상종도사님은 후천에는 과학의 힘만으로도 인간의 유전자에서 늙는 요소를 제거하여 인간이 장수하게 된다고 하셨습니다.

4) 도통 조화[도술]문명

인간이 시공간의 제약을 벗어난다

후천의 문명은 인간 의식 구조의 대변혁과 무한한 과학기술의 진보가 이상적인 조화를 이루는 이른바 '도술문명

道術文明'입니다.

❀ 하늘은 공각空殼이니라. 선천에는 빈껍데기인 하늘이
부질없이 높기만 하였으나 후천에는 하늘을 나직하게
하여 사람들의 키에 알맞게 하리라. 장차 하늘에 배가
뜨고, 옷도 툭툭 털어서 입는 잠자리 속 날개 같은 옷
이 나오느니라. 축지술縮地術을 배우지 말라. 운거를 타
고 바람을 어거駁車하여 만릿길을 경각에 대리라. 용력
술用力術을 배우지 말라. 기차와 윤선으로 백만 근을 운
반하리라. (道典 7:7:1~7)

❀ 재주 자랑이 다 끝난 후엔 도술로 세상을 평정하리니
도술정부道術政府가 수립되어 우주일가를 이루리라. 선
천은 기계선경機械仙境이요, 후천은 조화선경造化仙境이니
라. (道典 7:8:2~3)

만사지 문화

앞으로는 사람들이 서로 속일 수도 없고 또 속일 필요
도 없는 세상이 됩니다. 상제님의 수행 도법으로 도통을
하여 상대방 마음속을 환하게 들여다보고 행동하기 때문
입니다.

❀ 선천에서 지금까지는 금수대도술禽獸大道術이요 지금부
터 후천은 지심대도술知心大道術이니라. 피차 마음을 알
아야 인화人和 극락 아닐쏘냐. (道典 11:250:8~9)

❋ 지혜가 열려 과거 현재 미래와 시방세계十方世界의 모든
　일에 통달하며 … (道典 7:5:5)

　뿐만 아니라 인간의 의식 경계가 시간과 공간을 초월하
여 확대되므로, 미래의 일과 우주 저 끝에서 생기는 일까
지도 환히 알 수 있습니다. 만사지萬事知 문화가 열리는 것
입니다. 그리고 모든 사람이 말을 하지 않아도 서로 마음
으로 소통하는 '지심대도술' 문화가 열립니다.

　후천은 선천과 같이 특별히 근기가 뛰어난 몇 사람만
도통을 하는 시대가 아닙니다. 상제님께서, 비록 차등은
있을지라도 모든 사람의 마음을 환히 밝혀 주시어 온 인
류가 석가모니와 예수 이상으로 도통을 할 수 있도록 도
통문을 열어 주셨습니다.

❋ '공자는 72인을 도통케 하고 석가모니는 500인을 도
　통케 하였다.' 하나 나는 차등은 있을지라도 백성까
　지 마음을 밝혀 주어 제 일은 제가 알게 하며 …. (道典
　7:82:1~2)
❋ 이 뒤에 일제히 그 닦은 바를 따라서 도통이 한 번에
　열리리라. (道典 6:135:6)

　세상을 위해 베푼 은혜가 가장 큰 공덕입니다. 창생을
건지는 천하사에 큰 공덕을 쌓거나 상제님 도를 세상에
전하는 육임 포교로 사람을 많이 살리면 보은줄이 찾아들

어, 그 일심의 과정에서 자연히 지각문이 열리고, 때가 되면 대도통을 받아 만세의 영락을 누리게 됩니다.

5. 가을 개벽기 생존의 길

1) 묵은 생각과 묵은 기운에서 벗어나야

⊛ 선경세계는 내가 처음 건설하나니, 나는 옛 성인의 도
나 옛 가르침으로 하지 않느니라. 그러므로 너희는 낡
은 삶을 버리고 새 삶을 도모하라. 묵은 습성이 하나
라도 남아 있으면 그 몸이 따라서 망하느니라. (道典
2:41:1~3)

마음을 고쳐먹고 새 삶을 도모하는 것은 쉬운 문제가
아닙니다. 천지대세가 넘어가는 대개벽기에, 새 진리를 만
나 구도의 길에 들어서는 데에는 큰 용기가 필요합니다.
일반인은 말할 것도 없고 선천 종교 신앙인이 새롭게 상
제님을 믿기 위해서는 더 큰 용기가 필요합니다.

새로운 생명 세계로 들어가기 위해서는 무엇보다 먼저
스스로 변해야 합니다. 변화되지 않고는 성숙을 위해 근
본으로 돌아가는 우주가을 개벽철에 살아남을 수 없습
니다. 선천의 묵은 기운과 묵은 습성을 완전히 떨쳐내지
않으면, 그 누구도 다가오는 새 세계를 맞이할 수 없습

니다.

금세기 신화神話 연구의 제1인자인 조셉 캠벨은 "인간이 죄를 지으면 생명의 조화가 깨진다"(『신화의 힘(Power of the Myth)』)라고 죄를 정의했습니다. 철저한 자기 혁신을 통해 새로 태어나려는 진정한 '참회懺悔'를 통한 '마음개벽'만이 가을우주의 새 생명으로 성숙할 수 있는 원시반본의 길이며, 하루하루를 값지고 참되게 사는 보람된 삶의 길입니다.

오직 지속적인 정성으로 마음의 경계가 크게 개벽될 때, 상제님의 대도 말씀을 온몸으로 체험할 수 있습니다.

❀ 이 뒤로는 깊이 참회하여 모든 일에 의리를 지켜 나의 가르치는 바를 잘 따르라. 그렇지 않으면 신명을 그르치리라. (道典 5:224:9)

2) 조화권을 체득하는 태을주 수행

태을천의 경계와 태을주의 권능

❀ 태을주太乙呪는 심령心靈과 혼백魂魄을 안정케 하여 성령을 접하게 하고 신도神道를 통하게 하며 천하창생을 건지는 주문이니라. (道典 11:180:4)

❀ 만사무기萬事無忌 태을주 만병통치萬病通治 태을주
소원성취所願成就 태을주 포덕천하布德天下 태을주

광제창생廣濟蒼生 태을주 만사여의萬事如意 태을주

무궁무궁無窮無窮 태을주

태을주는 여의주如意珠, 여의주는 태을주니라.

(道典 7:75:5~6)

상제님은 선천 천지의 묵은 기운을 모두 떨어내고, 새 세계를 여는 최종 법방을 태을주에 모두 담아 놓으셨습니다. 태을주는 곧 닥칠 대병겁의 개벽기에 인류를 구원합니다. 태을주에는 대개벽기에 세계질서의 개편을 주도하고, 인간을 성숙시켜 세계를 건져내는 무상의 권능이 담겨 있습니다. 일심정성으로 태을주 수도를 하면 마음의 본체인 본성(性 : 佛性, 神性)이 환히 밝아집니다. 뿐만 아니라 일상생활 중 어떤 때에도 태을주를 끊임없이 마음속으로 읽고 다니면, 여러 가지 사고와 병마로부터 생명을 지킬 수 있습니다.

상제님께서는 태을주에 나오는 태을천太乙天의 경계를 이렇게 밝혀 주셨습니다.

❋ 오는 잠 적게 자고 태을주를 많이 읽으라. 태을천太乙天 상원군上元君은 하늘 으뜸가는 임금이니 오만년 동안 동리동리 각 학교에서 외우리라. (道典 7:75:1~2)

당나라 팔선八仙 중의 한 명으로 일컫는 여동빈은 "태을太乙은 우주에서 가장 높은 경계를 말한다"(太乙者, 無上之

謂.) (呂洞賓, 『太乙金華宗旨』)라고 하였습니다.

상제님께서는 인류 역사상 처음으로 태을천太乙天의 무궁한 조화의 경계를 열어 주셨습니다. 태을천은 인간과 만유 생명을 낳은 우주의 뿌리 하늘입니다.

상제님께서는 가을 개벽기에 인간의 생명을 성숙시키고 병겁 심판에서 구원하시기 위해, 9년 천지공사의 결론으로 어천하실 무렵 "이 주문을 쓰라" 하시며 태을주를 내려 주셨습니다. 이 태을주에는 태을천의 기운을 받아내려 몸속의 신명神明(신의 대광명)을 열어 주는 무상의 조화권능이 담겨 있습니다.

수행의 정법, 청수 모시고 소리 내어 읽어야

그러면 태을주는 어떻게 읽어야 할까요?

상제님은 인류 문화의 뿌리인 한민족의 기도법과 신교 수행법의 기본 예식을 취하시어, 청수를 모시고 태을주를 소리 내어 읽으라 하셨습니다.

❀ 전주에서 김석金碩을 입도入道시키실 때 광찬과 형렬을 좌우에 세우시고 그 앞에 청수淸水를 놓고 청수를 향하여 사배四拜하게 하신 뒤에 두 사람에게 태을주太乙呪를 중이 염불하듯이 스물한 번 읽게 하시고 이어서 김석으로 하여금 읽게 하시니라. (道典 6:113:4~7)

상제님께서 '천지를 받는 청수淸水'(道典 3:145:13)라 하셨듯이, 예로부터 한민족이 '정화수'라고도 불러온 청수는 우주 생명의 본체요, 만물의 근원을 상징합니다. 증산 상제님은 유구한 세월 동안 전해 내려온 신교의 예법을 부활시켜 청수신앙을 생활화할 것을 강조하셨습니다.

지극한 정성으로 두 손 모아 청수를 받들어 모실 때의 마음을 한 번 헤아려 보십시오. 정성과 공경이 가득차서 신명이 밝아져가는 자신을 발견할 것입니다. 바로 여기에서 심령이 정화되고 세속 생활에서 흐트러진 마음이 맑게 정리되고 순화됩니다.

천지의 조화성령을 받는 태을주 도공

증산 상제님이 전수해 주신 태을주 수행법은 가만히 앉아서 고요히 눈 감고 소리 내서 주문을 읽는 정공靜功이 근본입니다. 그리고 태을주 수행을 바탕으로 천지의 조화성령을 크게 받아 내리는 공부가 있습니다. 동動적 수행법인 도공道功이 바로 그것입니다.

인간과 생명체는 주야동정晝夜動靜의 법칙에 따라, 낮에는 열심히 활동하고 밤에는 쉽니다. 그러나 밤에 잠을 잘 때도 몸속에서는 피가 돌고 생명활동이 왕성하게 일어납니다. 인간뿐만 아니라 모든 살아 있는 것은 역동적인 존재인 것입니다. 이 자연 법칙에 근거하여 몸을 움직이며 주문을 읽는 것을 도공道功이라 합니다.

특히 우주의 여름철 말기에는 생각이 분열되고 주변 환경 때문에 걱정거리가 많아지게 됩니다. 몸과 마음을 편안히 갖고 주문을 읽으며 정공을 하다가 자연스럽게 도공으로 들어가면 생각이 한순간에 끊어집니다. 도공을 하면 아픈 것도 낫고 여러 가지 기적을 체험하게 됩니다. 도공은 한마디로 천상의 조화신을 받는 공부입니다.

3) 도장道場 중심의 천하사 일꾼의 길

증산도 도장은 상제님의 도법을 전수하고 심법의 경계를 틔워 세계 구원을 실현할 능력 있는 일꾼을 길러내는 대도의 교육장이요 수도장입니다. 태을주 수행과 도공도 도장에서 전수를 받아야 올바른 기운을 받습니다.

도장은 가을 개벽기에 나와 조상이 함께 구원받을 수 있는 곳입니다. 이웃과 민족과 세계를 구원하는 상생의 대도를 실천하는 상제님의 집이며, 상제님의 대역자가 되어 천하를 구하려는 구도자들이 모여서 상제님 천지공사를 인사로 실현하며 후천의 무궁한 복록과 수명을 열어가는 공간입니다.

집에서 혼자 공부하고 주문 읽고 수도하며 때만 기다리는 것은 결코 천하사에 동참하는 대도의 길이 아닙니다.

증산도는 인류를 건져 상생의 새 문화를 열어가는 천하사 신앙이므로, 반드시 도장을 중심으로 사람을 살려 내는 생활을 해야 합니다. 상제님은 천하 창생의 생사가 오직 우리 일꾼들 손에 매여 있다고, 살릴 생 자 포교를 강조하셨습니다.

> ✽ 너희들은 손에 살릴 생生 자를 쥐고 다니니 득의지추得意之秋가 아니냐. 삼천三遷이라야 일이 이루어지느니라.
>
> (道典 8:117:1~2)

가을개벽의 소용돌이에 무참히 죽어 넘어가는 억조창생을 한 명이라도 더 건져내겠다는 강한 의지를 불태우며 생명까지도 다 바쳐서 도를 구하겠다는 도전적인 마음이 있어야, 심성 개벽이 비약적으로 이루어져 새 역사의 주인공이 될 수 있습니다.

지난날 모든 성자들이 노래한 지구촌 통일낙원 세계! 증산 상제님의 9년 개벽공사로 열매 맺는, 창세 이래 처음 있는 대광명의 개벽세계! 그 꿈의 세계는 시간이 흐른다고 저절로 열리는 것이 아닙니다. "도득기인道得其人하고 인득기도人得其道라야 기도其道가 가성可成이라." '도는 그 사람을 얻고 사람은 그 도를 얻어야 그 도가 가히 이루어진다'는 이 말씀처럼, 후천 세상은 오직 상제님의 이상을 이 땅에 펼치는 천지 일꾼에 의해 성취됩니다. 그러므로 상제님

의 뜻을 받들어 인류를 구원하는 개벽 일꾼이 되는 것보
다 영광스럽고 보람된 일은 없습니다.

4) 항상 깨어 있어라

지금 동북아 정세가 급변하고 있습니다. 중국과 일본은
서로 상대방을 자극하고 있고, 북한은 3대 세습 이후 장
성택 처형 등 불안한 모습을 계속 노출하고 있습니다. 언
론에서는 동북아 정세의 급변과 무력충돌 가능성을 연일
보도하고 있습니다. 지인끼리 "혹시 전쟁 나는 거 아닌가
요?"라는 질문을 일상적으로 던지고 있습니다. 북한 내
군부의 세력이 더욱 강해져 남북한이 갈수록 힘의 대결
구도로 접어들고 언제든 국지도발이나 전쟁이 날 수 있는
상황으로 돌입하고 있습니다. 최근에 국회 정보위원장은
"범국가적인 비상체제를 가동해 만반의 준비를 해야 한
다"라고 하였습니다.

동북아 역사전쟁과 더불어, 자연, 인간, 문명이 총체적
으로 바뀌고, 언제 돌발적인 급변 사태가 일어날지 모르
는 대개벽기이기 때문에 항상 깨어 있어야 합니다.

세벌 개벽이 언제 일어나더라도 위기 상황을 슬기롭게
극복할 수 있도록 항상 태을주를 읽고 생명력 있는 밝은
영성을 열어야 합니다. 나아가 세상에서 가장 소중한 나의

가족도 함께 위기를 극복할 수 있는 준비를 해야 합니다.

5) 천지성공을 위하여

지금 지구 문명이 대전환을 하려고 몸부림치고 있습니다. 아픔 뒤에 성숙이 오고, 산통 속에서 새 생명이 태어나듯, 천지인 삼계三界가 완성되는 상생의 후천 조화선경 시대를 열기 위한 시련이 몰려오고 있는 것입니다.

천지의 계절이 여름에서 가을로 바뀌고 우주질서가 전환하는 이때는 전 인류가 상극의 두꺼운 옷을 벗어버리고 상생의 새 옷으로 갈아입어야 합니다. 대자연과 더불어 인간 삶의 방식에 근본적인 대전환이 있어야 합니다. 생각의 구조, 생활 방식이 과감하게 바뀌어야 하는 것입니다.

가을 우주의 깊은 섭리, 그 뜻은 바로 진리의 근원으로 돌아가라, 열매 진리를 만나라는 것입니다. 그것이 궁극의 성공으로 나아가는 길입니다.

상제님은 이 시대 인간의 성공을 '천지성공'이라 하셨습니다. 천지와 함께 성공하는 때라는 말씀입니다.

※ 이 때는 천지성공 시대天地成功時代니라. (道典 2:43:4)

◎ 증산도는 천지의 열매요 우주의 결실이요
  천지를 담는 그릇이다. (안운산 태상종도사님 말씀)

『천부경』에서 천일天─·지일地─·태일太─이라 하였듯이 인간은 본래 천지와 하나입니다. 그러므로 만일 인간으로서 내가 태어난 생명의 바탕, 생명의 큰 품인 천지의 변화 소식에 관심이 없거나 변화 법칙을 모르고 산다면, 참인간이 아니라 동물적인 인간으로 사는 것입니다. 나아가 세속에서 학자로, 기업가로 또는 정치인으로, 그 어떤 전문 분야에서 자기의 큰 뜻을 이뤘다 할지라도 진정으로 성공한 것이라고 볼 수 없습니다.

우주가 나를 낳아서 길러 온 전 역사 과정과 창조의 목적에서 볼 때, 추살秋殺의 가을 개벽기에는 천지의 열매 진리를 만나 천지의 뜻과 목적을 완수하는 주인공, 태일太─이 되어야 합니다. 그래야 진정한 성공자로서, 앞으로 열리는 가을철 조화선경 낙원에서 축복된 삶을 누릴 수 있습니다. 태일이 되는 것이 가을개벽에서 내가 구원 받고, 나를 통해 조상 만대를 건지고, 후천 5만 년 동안 자손을 이 땅에 심는 가장 영광스러운 축복의 길입니다.

✷ 하루는 성도들에게 말씀하시니 이러하니라.

事之當旺은 在於天地요 必不在於人이라
사 지 당 왕   재 어 천 지   필 부 재 어 인

然이나 無人이면 無天地故로
연   무 인   무 천 지 고

天地生人하여 用人하나니
천 지 생 인   용 인

以人生으로 不參於天地用人之時면 何可曰人生乎아
이 인생   불참 어천지용인지시   하 가 왈 인생 호

일이 흥왕하게 됨은 천지에 달려 있는 것이요 반드시 사
람에게 달린 것은 아니니라. 그러나 사람이 없으면 천지
도 또한 없는 것과 같으므로 천지가 사람을 낳아 사람을
쓰나니 사람으로 태어나 천지에서 사람을 쓰는 이때에
참예하지 못하면 어찌 그것을 인생이라 할 수 있겠느냐!

(道典 8:100:2)

천지에서 사람을 쓰는 이때, 천지의 대역자가 되어 상제
님의 상생의 대도로써 민족과 세계를 후천의 대통일 문명
으로 인도하고 창생을 구원하여 후천선경 낙원을 건설하
는 주인공이 되는 것 이상 보람되고 가치 있는 일이 어디
있겠습니까.

가을 개벽기에 진정으로 성공하는 인간, 태일이 되기를
축원합니다.

중산도 신앙의 요람, 증산도 교육문화회관 전경

상제님 진리의 성소, 증산도 도장

증산도 도장道場은 문자 그대로 상제님의 진리를 공부하고 도를 성취하는 성소이다. 또한 실제 개벽상황에서 인류를 구원하기 위해 육임 도꾼들이 의통을 전수받고 집행하는 '세계 구원의 사령탑'이며, 신천지 새 문화를 여는 중심 센터이다.

도장을 찾아가면 입문 과정을 통해 증산도의 기본교리를 공부하고 '입도식'이라는 예식을 통해 태을주를 전수받는다. 입도식은 참 하나님의 대도를 받는 의식으로, 진정한 인존이 되고자 신고를 올리는 거룩한 예식이다. 입도는 상제님 태모님의 자녀가 되어 가을개벽에서 인류를 건져 후천선경을 건설하는 인존의 열쇠를 쥐기 위해 첫걸음을 내딛는 것이다.

상제님께서는 "올바른 공부 방법을 모르고 시작하면 난법의 구렁에 빠지게 되느니라."(9:200:3)라고 경계하셨다. 무릇 상제님 태모님의 진정한 자녀가 되기 위해서는 태을주를 비롯하여 상제님께서 친히 내려 주신 증산도 주문을 올바르게 읽는 방법, 수행의 참법, 심법 전수 등 진리의 틀을 체계적으로 공부해야 한다.

증산도 주요 도장

교육문화회관 대전광역시 대덕구 한밭대로 1133 (중리동)

태전 | 세종 | 충남

태전갈마	042-523-1691
태전대덕	042-634-1691
태전선화	042-254-5078
태전유성	070-8202-1691
계룡	042-841-9155
공주신관	041-853-1691
논산취암	041-732-1691
당진읍내	041-356-1691
보령동대	041-931-1691
부여구아	041-835-0480
서산	041-665-1691
서산대산	041-681-7973
서천	041-952-1691
아산온천	041-533-1691
예산	041-331-1691
천안구성	041-567-1691
태안	041-674-1691
홍성대교	041-631-1691
조치원남리	044-866-1691

서울

서울강남	02-515-1691
서울강북	02-929-1691
서울관악	02-848-1690
서울광화문	02-738-1690
서울동대문	02-960-1691
서울목동	02-2697-1690
서울영등포	02-2671-1691
서울은평	02-359-8801
서울잠실	02-403-1691
서울합정	02-335-7207

인천 | 경기

인천구월	032-438-1691
인천주안	032-429-1691
인천송림	032-773-1691
부천상동	032-612-1691
고양마두	031-904-1691
구리수택	031-568-1691
김포북변	031-982-1691
동두천중앙	031-867-1691
성남태평	031-758-1691
수원영화	031-247-1691
수원인계	031-212-1691
안산상록수	031-416-1691
안성봉산	031-676-1691
안양만안	031-441-1691
여주창리	031-885-1691
오산대원	031-376-1691
용인신갈	031-283-0056
의정부	031-878-1691
이천중리	031-636-0425
파주금촌	031-945-1691
평택합정	031-657-1691
포천신읍	031-531-1691

충북

음성	043-872-1691
제천중앙	043-652-1691
증평중동	043-836-1696
청주우암	043-224-1691
청주흥덕	043-262-1691
충주성서	043-851-1691

강원

강릉옥천	033-643-1349
동해천곡	033-535-2691
삼척성내	033-574-1691
속초조양	033-637-1690
영월영흥	033-372-1691
원주우산	033-746-1691
정선봉양	033-562-1692
춘천중앙	033-242-1691

부산 | 경남

부산가야	051-897-1691
부산광안	051-755-1691
부산덕천	051-342-1692
부산동래	051-531-1612
부산온천	051-554-9125
부산중앙	051-244-1691
언양	052-264-6050
울산옥현	052-276-1691
울산자정	052-281-1691
거제장평	055-636-1692
거창중앙	055-945-1691
고성송학	055-674-3582

김해내외	055-339-1691
김해장유	055-314-1691
남지	055-526-1697
마산회원	055-256-9125
밀양	055-355-0741
사천벌용	055-833-1725
양산북부	055-382-1690
진주	055-743-1691
진해여좌	055-545-1691
창원명서	055-267-1691
통영정량	055-649-1691
함양용평	055-962-1691

대구 | 경북

대구대명	053-628-1691
대구두류	053-652-1691
대구복현	053-959-1691
대구수성	053-743-1691
대구시지	053-793-1691
대구칠곡	053-312-8338
경주노서	054-742-1691
구미원평	054-456-1691
김천평화	054-437-1691
문경모전	054-554-1691
상주무양	054-533-1691
안동태화	054-852-1691
영주	054-636-1691
영천문내	054-338-1691
포항대신	054-241-1691

광주 | 전남

광주상무	062-373-1691
광주오치	062-264-1691
강진평동	061-433-1690
나주남내	061-333-1691
목포옥암	061-283-1691
순천조례	061-745-1691
여수오림	061-652-1691
완도주도	061-555-1691
해남성동	061-537-1691

전북

군산조촌	063-446-1691
남원도통	063-625-1691
익산신동	063-854-5605
전주경원	063-285-1691
전주덕진	063-211-1691
정읍연지	063-533-6901

제주도

서귀포동홍	064-733-1691
제주이도	064-721-1691

해외도장

미국

뉴욕	1-718-428-4872
로스엔젤레스	1-323-937-2535
달라스	1-972-241-2399
산호세	1-408-289-9228
시카고	1-773-332-6016
아틀란타	1-770-381-7600

캐나다

토론토	1-416-221-1033

독일

베를린	49-305-562-0043

일본

도쿄	81-70-6515-1800
오사카	81-6-6796-8939
고베	81-78-881-1691
니시노미야	81-78-907-1331

중국

홍콩	852-6151-0740

인도네시아

자카르타	62-21-7279-7270

필리핀

마닐라	63-2-249-0939

온 인류에게 후천 5만년 조화선경의 꿈을 열어주는

한민족의 문화원전 도전

서구에 신약이 있고
인도에 베다와 불경이 있고
중국에 사서오경이 있다면
이제 온 인류에게는 『道典』 문화가 있습니다

천하대세를 알아야 성공한다!

당신은 12만9천6백년의 우주년에서
가장 큰일을 할 수 있는 바로 그 시점에 살고 있다

天地의 道
春生秋殺

안운산 지음 | 양장 | 전면 칼라
376쪽 | 말씀 오디오 CD 포함

안운산 말씀
오디오 테이프 10개 세트

상생의 새 문명을 여는 천지대도 말씀

차례 1. 우주는 어떻게 둥글어 가나 | 2. 기존 문화권을 매듭짓고 새 세상을 여신 참하나님, 증산 상제님 | 3. 왜 조상을 섬겨야 하는가 | 4. 신명공사로 새 세상을 여셨다 | 5. 세계 정세는 어떻게 변해 왔나 | 6. 상제님의 도는 어떻게 굽이쳐 왔나 | 7. 태을주로 천하 사람을 살린다 | 8. 지상선경의 새 시대가 열린다 | 9. 우주의 결실은 인간 | 수필부록

인류 통일문명의 놀라운 비전과 대변혁 이야기

이제 인간 삶의 목적과 깨달음,
새롭게 태어나는 내일의 참모습을
속 시원하게 밝혀주는 멋진 새이야기가 시작된다

개벽 실제상황

안경전 지음
크라운판 | 전면 칼라
560쪽

인류 창세역사와 한민족 9천년사의
국통맥을 바로 세운다

환단고기

【桓檀古記역주완간본】

인류 원형 문화인 '삼신三神 문화' 시대의 종교, 정치, 우주관,
인간론, 통치원리, 언어, 음악, 건축 등
고대 문화 전수 비밀을 동북아 삼국(한중일)의 관계 속에서
총체적으로 밝히는 유일한 인류 창세역사 원전原典

30년 지구촌 현지답사와 문헌고증. 알기 쉽고 정확한 완역본 최초 출간!

편저 운초 계연수, 교열 해학 이기, 현토 한암당 이유립 | 안경전 역주 | 180×265 | 양장 | 1424쪽 | 값 55,000원

『환단고기』 위서론 시비에 종지부를 찍는다!

누구나 쉽게 읽고 함께 감동한다
다양한 판형의 『환단고기』 10종 출간

인류의 시원사와 한민족 9천년사의
국통맥國統脈을 바로잡는
신교 문화의 정통 도가道家 역사서의 결정판!

인류 신문명의 비전을 제시하는 한韓문화 중심채널
SangSaeng Television Broadcasting

STB
상생방송

주요 프로그램

STB 기획특집
상제님 일대기, 안운산 태상종도사님 대도 말씀
『환단고기』북콘서트

한민족의 문화원전 도전 문화를 연다
『도전』산책, 『도전』퀴즈
I Love English DOJEON 등

새시대 새진리 증산도
알기 쉬운 증산도, 증산도 문화공감
애니메이션 〈신앙 에세이〉, 특집 시리즈 〈병난〉

STB 연중 캠페인
생명을 개벽합시다
〈1사社 1문화재 지킴이〉 운동 등

한문화 중심채널 STB 상생방송
STB 초청 〈역사특강〉
전통음악회 〈맏앙〉, 〈한국의 마을숲〉